Eugen Richter
SOZIALDEMOKRATISCHE ZUKUNFTSBILDER

Eugen Richter

SOZIALDEMOKRATISCHE ZUKUNFTSBILDER
Frei nach Bebel

Mit einem aktuellen Vorwort von Detmar Doering

EDITION EIGENTÜMLICH FREI NR. 4

EDITION EIGENTÜMLICH FREI NR. 4
eigentümlich frei: individualistisch · kapitalistisch · libertär.
Interesse? Internet **www.ef-magazin.de**

Veröffentlicht mit freundlicher Unterstützung
von Manfred Woite, Düsseldorf,
und des Liberalen Instituts der Friedrich-Nauman-Stiftung,
Berlin.

ISBN-10: 3-939562-00-9
ISBN-13: 978-3-939562-00-9

Erstveröffentlichung Berlin, November 1891, im Verlag „Fortschritt".
Lichtschlag Medien und Werbung KG,
An der Kolpingschule 4, 41516 Grevenbroich
Ab Ende März 2007: Malvenweg 24, 41516 Grevenbroich
Internet: www.ef-magazin.de.
Alle Rechte vorbehalten
© für das Vorwort 2006 by Detmar Doering
Umschlaggestaltung: Stefan Blankertz unter Verwendung einer
Karikatur von Götz Wiedenroth
Dieses Buch gibt es nur bei *Cap¡tal!sta* (www.capitalista.de) im
Versand.

Inhalt

Zum Geleit von Manfred Woite 7

Eugen Richter (1836-1906)
Vorwort von Detmar Döring 8
Anmerkungen 33

Sozialdemokratische Zukunftsbilder. Frei nach Bebel. 39
1. Die Siegesfeier 41
2. Die neuen Gesetze 43
3. Unzufriedene Leute 45
4. Berufswahl 47
5. Eine Reichstagssitzung... 49
6. Arbeitsanweisung... 53
7. Nachrichten vom Lande 57
8. Der letzte Familientag 60
9. Der große Umzug... 63
10. Neues Geld 66
11. Die neue Häuslichkeit 69
12. Die neuen Staatsküchen 73
13. Ein ärgerlicher Zwischenfall 77
14. Ministerkrisis 79
15. Auswanderung 81
16. Kanzlerwechsel... 84
17. Aus den Werkstätten 85
18. Familiensorgen... 88
19. Volksbelustigungen 91
20. Üble Erfahrungen 94
21. Die Flucht... 97
22. Wiederum Kanzlerwechsel 100
23. Auswärtige Verwicklungen 102
24. Wahlbewegung... 105
25. Trauerkunde 109
26. Das Wahlergebnis 111

27. Ein großes Defizit 114
28. Familiennachrichten 117
29. Eine stürmische Reichstagssitzung 120
30. Streik in Sicht 133
31. Drohnoten des Auslandes 135
32. Massenstreik und Kriegsausbruch zugleich 137
33. Die Gegenrevolution beginnt 139
34. Unheilvolle Nachrichten 141
35. Letztes Kapitel 143

ZUM GELEIT

Die vorliegende Denkschrift Eugen Richters von 1891 ist eine Parodie auf die Thesen von Bebel, der Ikone der Sozialdemokraten.

Eugen Richter hat keinen gebührenden Platz in der deutschen Geschichtsschreibung gefunden. Kein Wunder, sah er doch die Folgen der „sozialdemokratischen Zukunftsbilder" voraus, denen sich heute alle politischen Parteien verschrieben haben.

Das historische Gedächtnis der Liberalen ist inzwischen nur noch in Ansätzen vorhanden. Detmar Doering kommt nun das Verdienst zu, den großen Liberalen Eugen Richter in das Bewusstsein der heutigen Zeit getragen zu haben.

Möge insbesondere die Jugend durch dieses Buch den Zugang zum Liberalismus finden und sich nicht einfangen lassen von sozialistischen Ideologien.

Manfred Woite,
Mitgesellschafter der Lichtschlag Medien und Werbung KG

EUGEN RICHTER (1838-1906)
von Detmar Doering[1]

Die Nachwelt ist wenig gnädig mit Eugen Richter verfahren. Er galt als der fortschrittsliberale Parteiführer der wilhelminischen Ära, der – etwa im Gegensatz zu Friedrich Naumann – nicht die Zeichen der Zeit erkannt hatte. „Dogmatismus" wurde ihm schon von vielen Zeitgenossen, vor allem aber von fast allen Historikern späterer Zeiten vorgeworfen. Er habe altliberalen, freihändlerischen und rechtsstaatlichen Prinzipien angehangen, die von einem genuinen Nicht-Verstehen der gesellschaftlich und politisch veränderten Lage seiner Zeit zeugten. Die von vielen Menschen mit dem Begriff „historisch notwendig" belegte Ausdehnung staatlicher Einflusssphären, die seit Bismarcks Abkehr vom Freihandel (1878) und der Einführung der staatlichen Sozialversicherungssysteme (1883), denen später eine imperiale Rüstungs- und Kolonialpolitik folgte, sei von ihm in ihren Konsequenzen nicht erkannt worden. Selbst ein gediegen liberaler Mensch wie Theodor Heuss meinte später: „Die machtstaatliche Zielsetzung sah er nur in der Verzerrung des Militarismus."[2]

Dieses Bild, das sogar dazu führte, dass selbst unter Liberalen die Bezeichnung Richters als „entschiedenen Liberalen" fast wie eine Schmähung statt wie ein Lob zu wirken begann[3], ist erst in letzter Zeit ein wenig ins Wanken geraten. Was er am Militarismus und Imperialismus auszusetzen hatte, war eigentlich schon mit der Katastrophe des ersten Weltkriegs geradezu historisch gerechtfertigt. Aber die Kritik Richters an „machtstaatlichen Zielsetzungen" war keineswegs auf diesen Aspekt beschränkt, sondern sehr umfassend. Er sah, dass nicht nur die aggressiv militaristische, sondern auch die wohlmeinende sozialetatische Form des Machtstaates die Freiheit bedrohte. Die hier vorliegenden wieder veröffentlichten „Sozialdemokratischen Zukunftsbilder" von 1891 zeigen darüber hinaus Richters Weitsicht in Bezug auf die totalitären Ansprüche des Sozialismus.

Er sah überdies wie kaum ein anderer Liberaler, welch gefährliches Potential sich aus antikapitalistisch motiviertem Etatismus und nationalistischen Ideologien ergeben konnte – vor allem, wenn sie ihre Kräfte kombinierten. Der Antisemitismus, der sich ins Zentrum dieser unheiligen Allianz zwischen Sozialismus und Nationalismus drängte, wurde von ihm schonungslos analysiert.

Wer war dieser Eugen Richter, dessen Todestag – am 10. März 1906 starb er in Lichterfelde (heute Berlin) – sich heuer zum 100. Male jährt? Zu seinen Lebzeiten hätte man diese Frage wohl nicht zu stellen brauchen. Er war einer der wichtigsten und wirkungsvollsten Widersacher Bismarcks im Reichstag. Man hätte ihn seinerzeit sicher mit Bebel oder Naumann gleichgestellt. Richter fiel indes im Laufe der Zeit einer schleichenden Sozialdemokratisierung des allgemeinen Konsenses in der Geschichtsschreibung zum Opfer. Noch Heinrich Manns gloriose Abrechnung mit dem deutschen machtstaatlichen „Sonderweg", sein Roman „Der Untertan", der unmittelbar nach dem ersten Weltkrieg erschien, zeigte den Richterschen Liberalismus als den eigentlichen Widersacher des wilhelminischen Ungeists auf. Die Sozialdemokratie war dagegen zum Kompromiss mit dem preußischen Untertanenstaat durchaus fähig.

Das Scheitern, bzw. das fast völlige Verschwinden des Liberalismus Richterscher Prägung aus dem deutschen politischen Leben vor dem Weltkrieg ist daher eine Tragödie sondergleichen. Kurz gesagt: In seinen Einschätzungen lag er richtig – jedenfalls mehr als jene Parteiliberalen, die den Kompromiss mit dem wilhelminischen Zeitgeist suchten. Politisch war er hingegen gescheitert, weil er – vom politischen Gegner bedrängt – den gesellschaftlichen Rückhalt immer mehr verlor und der Liberalismus immer neuen Spaltungen ausgesetzt war. Insofern ist das Leben und Wirken Eugen Richters geradezu ein Lehrstück über Glanz und Niedergang des Liberalismus in Deutschland.

***

Eugen Richter wurde als Sohn eines „oppositionell" eingestellten Regimentsarztes am 30. Juli 1838 geboren. Dem Abitur in Koblenz 1856 folgte die Studienzeit, die ihn mit einigen der großen liberalen Köpfe seiner Zeit zusammenbrachte. In Bonn wurde der große Paulskirchenführer Friedrich Christoph Dahlmann sein

Lehrer, in Heidelberg der Staatswissenschaftler Robert von Mohl und ebenfalls in Heidelberg Karl Heinrich Rau, der Begründer der deutschen Volkswirtschaftslehre und einer der „Manchester-Liberalen" der ersten Stunde. Von Rau lernte er die Begeisterung für den Freihandel. Wirtschaftliche Zusammenhänge bestimmten von nun an auch sein politisches Interesse und Engagement. Er besuchte Tagungen des „Kongresses deutscher Volkswirte", die von Rau mit gegründete und von John Prince-Smith, Karl Braun, Otto Michaelis, Max Wirth und anderen deutschen „Manchester-Liberalen" angeführte politische Organisation der Freihandelsbewegung in Deutschland.[4] Zugleich begann er sich im Genossenschaftswesen, das gerade von Hermann Schulze-Delitzsch (einem anderen Mitglied des „Kongresses deutscher Volkswirte") begründet wurde, zu engagieren. Die Genossenschaften schienen ihm das für freie Bürger geeignete Gegenbild zum obrigkeitsstaatlichen Ideal des „sozialen Königtums", das in Preußen immer wieder zur Rechtfertigung des Autoritarismus herangezogen wurde. Selbstorganisation war für Richter nicht nur effizienter und ökonomisch sinnvoller als staatlicher Paternalismus, sondern auch moralisch überlegen, weil sie den unabhängigen, freien Menschen zum Ziel hatte.

***

Sein Studium hätte ihn eigentlich zu einer Karriere im Staatsdienst befähigt, doch sein oppositioneller Freiheitsdrang ließ dies letztlich nicht zu. Im Februar 1861 wurde er in Düsseldorf zum Regierungsreferendar ernannt und brachte es sogar kurz zum stellvertretenden Landrat im nahen Mettmann, aber von langer Dauer sollte dies nicht sein. Schon bald ging Richter daran, seine liberalen Überzeugungen schriftlich zu publizieren. „... die Schriftstellerei wurde mir nun einmal zum Verderben", schrieb er später in seinen „Jugenderinnerungen".[5]

1861 erschien seine Streitschrift „Über die Freiheit des Schankgewerbes", in der er sich für eine radikale Reform der Gewerbefreiheit und die Abschaffung der polizeilichen Bedürfnisfeststellung für Schankkonzessionen einsetzte, und mit dem Satz endete: „So lange in unserem Staate die Polizeiverwaltung eine solche gesetzgebende, richterliche und vollziehende Gewalt in sich vereinigt, verdient Preußen noch nicht den Namen eines Rechtstaates."6

Dieser Satz brachte ihm zwar einen Verweis ein, trotzdem wurde er aber nach Beendigung des Referendariats 1862 als Assessor in die Magdeburger Finanzverwaltung befördert. Kaum dort angekommen, veröffentlichte er unter dem Titel „Magdeburger Spukgeschichte" eine bitterböse Glosse über das konservative Vereinsleben der Stadt. Ein Disziplinarverfahren war die Folge. Er bekam Schwierigkeiten, überhaupt noch Anstellungen im öffentlichen Dienst zu finden. 1864 gab er schließlich die Beamtenlaufbahn auf.

****

Die mittelrheinische Kleinstadt Neuwied suchte 1864 einen neuen Bürgermeister. Richter bewarb sich und wurde gewählt. Das Glück war jedoch nur von geringer Dauer. Den preußischen Behörden schon lange ein Dorn im Auge, verweigerte der Regierungspräsident ihm nach der Wahl die erforderliche Bestätigung. Die Möglichkeit eines Einspruchs dagegen, die nur bei politischer Anpassung überhaupt erfolgreich hätte sein können, lehnte er ab.

Nach kurzer Betätigung bei einer Feuerversicherung engagierte er sich als Vertrauter von Hermann Schulze-Delitzsch in Berlin wieder verstärkt im Genossenschaftswesen und in der Publizistik. Das Engagement fand in gespannter politischer Atmosphäre statt. Es war die Zeit des preußischen Verfassungskonflikts, in dem die Fortschrittsliberalen im Landtag gegen Bismarcks verfassungswidrigen Wehretat opponierten und den Haushalt blockierten. Die Regierung lavierte mit dekretierten Nothaushalten. Erst 1866 gelang es Bismarck mit Hilfe abtrünniger Abgeordneter, die dann die Nationalliberale Partei bildeten, sich durchzusetzen. Die spätere nationale Geschichtsschreibung hat diesen politischen Kniefall später oft als weisen Akt des Pragmatismus gepriesen, der das Bismarcksche Projekt der deutschen Einigung „von oben" inspirierte. Für Richter war es eine liberale Bankrotterklärung, die den Gedanken, dass die Einheit nur aus der Freiheit erwachsen dürfe, zugunsten des Vorrangs des Machtstaates vor der Freiheit aufgab. Der legalisierte Verfassungsbruch war der liberale Sündenfall schlechthin. Verbittert wandte sich Richter gegen die Diffamierung der verbliebenen echten Fortschrittsliberalen als „verbohrte Rechthaber, wenn nicht gar als eine Art von politischen Idioten", denn er habe „niemals später eine so intelligente und zugleich patriotische Volksversammlung in Berlin versammelt" gesehen.[7]

An seinem Engagement für die Genossenschaften ging alles dies nicht spurlos vorbei. Als gesellschaftlicher „Unterbau" des Fortschrittsliberalismus erregten die Genossenschaften den besonderen Unmut der Obrigkeit. Richter berichtete später von Spitzeln auf Versammlungen und ständigen Wohnungsdurchsuchungen bei ihm zu Hause. Als er einige seiner wichtigen Unterlagen vor der Geheimpolizei sichern wollte und sie zu seinen Eltern ins liberalere Rheinland schickte, verschwand der Koffer auf ungeklärte Weise.

Zu dieser Zeit wurde Richter auch langsam klar, dass nicht nur Bismarck und die konservativen Kräfte (mit ihren nationalliberalen Teilverbündeten) eine Bedrohung der Freiheit darstellten. Der Sozialismus begann zur Konkurrenz für die Liberalen unter den „progressiv" Gesinnten zu werden. Er lernte den sozialdemokratischen Führer Ferdinand Lassalle kennen, der ihn mit seinem „Fanatismus als Evangelium" und seinen Angriffen gegen die Gewerbefreiheit und das Genossenschaftswesen entsetzte. In seiner kleinen Schrift „Die wirtschaftlichen Bestrebungen von Schulze-Delitzsch im Gegensatz zu den sozialdemokratischen Irrlehren", die 1863 erschien, setzte Richter sich erstmals mit dem Sozialismus auseinander – eine Auseinandersetzung, die er von da ab über Jahrzehnte weiterführte. Während die Nationalliberalen (kurzfristig vielleicht sogar zu Recht) darauf setzten, dass Bismarck wenigstens in Wirtschaftsfragen einen liberalen Kurs verfolgen würde, sah Richter, dass die antiliberalen Etatismen rechts und links im politischen Spektrum sich langfristig auch hier einigen würden. Bismarcks Abkehr vom liberalen Wirtschaftskurs in den 1870er Jahren noch in frischer Erinnerung, stellte Richter fest: „Gerade in der letzten Zeit seines öffentlichen Auftretens kokettierte Lassalle in jeder Weise mit der Protektion seiner Bestrebungen durch den Ministerpräsidenten v. Bismarck und den König von Preußen. Heute wissen wir, dass Lassalle in seinen Berufungen auf Bismarck gar nicht so Unrecht hatte. Bismarck suchte eben Lassalle auszunutzen, um der Fortschrittspartei, mit der gerade damals die Verfassungskämpfe geführt wurden, durch eine Arbeiterbewegung in den Rücken und in die Flanken zu fallen."[8] Bismarcks Anfälligkeit für „staatssozialistische" Lösungen zur taktischen Eindämmung der Liberalen, die später mit der Sozialgesetzgebung zu Blüte kam, zeigte sich erstmals schon hier im Ansatz.

***

1867 fanden die ersten Wahlen zum Reichstag des Norddeutschen Bundes statt. Trotz der sich abzeichnenden Spaltung der Liberalen in Nationale und Fortschrittliche bestand die Hoffnung auf einen liberalen Erfolg. Richter verfasste für den (noch) gemeinsamen Zentralwahlausschuss der Liberalen zahlreiche Flugblätter, die umgehend der Zensur anheim fielen und konfisziert wurden. Die Flugblätter wurden mit Gedankenstrichen, die den Zensurakt verdeutlichen sollten, anstelle der beanstandeten Stellen wieder veröffentlicht. „Die Verbreitung desselben vollzog sich nunmehr um so besser", bemerkte Richter[9] – bis auch diese Flugblätter konfisziert und erst acht Monate nach (!) der Wahl freigegeben wurden. Richters Ruf in fortschrittsliberalen Kreisen stärkte dies aber nur. Auf Vorschlag Schulze-Delitzschs wurde er Kandidat im Wahlkreis Nordhausen, den er trotz zahlreicher Behinderungen des Wahlkampfs als einer von wenigen Fortschrittsliberalen bei dieser Wahl gewinnen konnte. Richters parlamentarische Karriere hatte begonnen. Die Vollendung der Aufgabe, die Verfassung des Norddeutschen Bundes zu verabschieden, um damit die deutschen Staaten nördlich des Mains zu einigen, beendete im April des gleichen Jahres die Arbeit des Reichstags. Bei den Neuwahlen im August gelang ihm der Wiedereinzug nicht. Dafür wurde er 1869 in den preußischen Landtag gewählt. Dort begann er sich einen Namen als liberaler Haushaltsexperte zu erarbeiten, denn er, so meinte er in den „Jugend-Erinnerungen", „leide von Jugend an einer gewissen Zahlenwut". So erschien im gleichen Jahr sein Buch „Das Preußische Staatsschuldenwesen und die preußischen Staatspapiere", in dem er seine ökonomischen Kenntnisse, die er bei Rau und dem „Kongress deutscher Volkswirte" erworben hatte, für die parlamentarische Sache nutzbar machte.

***

Mit der Reichseinigung von 1871 nahm die parlamentarische Laufbahn einen neuen Weg. Im März des Jahres wurde er für den Wahlkreis Schwarzburg-Rudolstadt in den neu konstituierten deutschen Reichstag in Berlin als Abgeordneter gewählt. Er gehörte dem Reichstag ab dann ununterbrochen bis zu seinem Tode 1906 an – meist für den Wahlkreis Hagen (Westfalen). Seine bisherigen politischen Erfahrungen als Wahlkämpfer und Publizist trugen zu dieser Festigung der Position im Parlament bei. Richter gehörte zu den Wegbereitern moderner Wahlkampfmethoden mit durchorganisierter Agitation und hoher publizistischer Präsenz. So richtete er für das Zentralwahlkomitee der Fortschrittspartei zusammen mit seinem Mitstreiter Ludolf Parisius (dessen Witwe er übrigens nach dessen Tode im Jahre 1900 heiratete) einen Broschürenfonds ein, der es ermöglichte, Informationsschriften, volkswirtschaftliche Aufklärungsbroschüren und vor allem Reichstags- oder Versammlungsreden in hoher Auflage zu drucken, um so den öffentlichkeitswirksamen Radius von Abgeordneten zu vergrößern. Nach eigenen Angaben brachte Richter allein zwischen Oktober 1879 und Dezember 1881 ganze 48 Broschüren in einer Auflage von 161 000 Stück heraus. Während der „heißen" Wahlkampfphasen gab es die von Richter selbst redigierten (und oft auch verfassten) „Wahlkampfkorrespondenzen", die im Abstand von nur wenigen Tagen herausgegeben wurden. 1885 ergänzte er dieses publizistische Angebot noch um die täglich erscheinende „Freisinnige Zeitung". Zuvor war die ökonomische Effizienz des bisher parteieigenen Broschürenfonds durch die Umwandlung in eine Verlagsaktiengesellschaft („Fortschritt, Aktiengesellschaft") gesteigert worden. Richter leitete die „Freisinnige Zeitung" selbst bis zum Jahr 1904, sie blieb aber auch danach das wichtigste Publikationsorgan der Fortschrittsliberalen. Ergänzt wurde das Blatt nicht nur 1882 durch den monatlichen „Reichsfreund", den Richter wiederum mit Parisius herausgab, sondern auch durch die publizistische Gegenwart Richters in fast allen wichtigen Presseorganen der Zeit, die er unermüdlich mit Artikeln belieferte.[10] Der Fortschrittsliberalismus, so kann mit Recht angenommen werden, dominierte in der Presse der Zeit, was nicht zuletzt Richters persönliches Verdienst war. Hinzu kamen noch Buchpublikationen, von denen die von Richter verfassten „ABC-Bücher", die kurz vor Wahlen herauskamen, die wirkungsvollsten waren. In ihnen erläuterte Richter in alphabetischer Reihenfolge die Themen und Stichworte der Zeit aus freisinniger Perspektive – von „Abgeordnetenhaus" bis „Zolltarifvorlage".

***

Zu dieser Zeit hatte Bismarck in jeder Hinsicht mit den Liberalen gebrochen. Die Hoffnung, dass wenigstens in wirtschaftspolitischen Fragen eine Übereinstimmung bestehen könne, wurde mit der Einführung der Schutzzollpolitik durch Bismarck 1878 endgültig zur Illusion. Bismarck schmiedete von nun an ein antiliberales Bündnis zwischen agrarlobbyistischen „Junkern" und protektionistischen Industriellen, die durch die Gründerkrise (Zusammenbruch des „Booms" nach dem siegreichen Krieg von 1870/71) verunsichert waren. Die Fortschrittsliberalen erfuhren dadurch zunächst einmal eine Stärkung aus den Reihen des freihändlerisch gesinnten linken Flügels der Nationalliberalen, die sich zunächst als „Liberale Vereinigung" von der Mutterpartei abspalteten, um dann 1880 mit dem Fortschritt zur „Deutschfreisinnigen Partei" zu fusionieren. Von 1884 bis 1893 war Richter – mit einer kurzen Unterbrechung im Jahre 1890 – Vorsitzender des geschäftsführenden 7er-Ausschusses der Partei. Die Partei führte er straff, bisweilen fast autoritär, was zwar den Aufbau fester Parteistrukturen (zu dieser Zeit fast das Alleinstellungsmerkmal der Partei) zunächst begünstigte, aber bald zu neuen Problemen führte, die den fortschrittlichen Liberalismus in Deutschland langfristig enorm schwächten. Innerparteiliche Rivalen, wie etwa Karl Schrader (der die Linksliberalen durch die Schutzzolldebatte von 1902 führen sollte), wurden verdrängt. Mit dem Zuwachs aus den nationalliberalen „Sezessionisten" der „Liberalen Vereinigung" konnte er sich nie anfreunden – selbst wenn sie ihm eigentlich programmatisch nahe standen.

Der Zwist in der Partei trat nach der Entlassung Bismarcks 1890 zunächst in den Hintergrund, vor allem, weil es ihr bei den Wahlen im Februar des Jahres gelang, die Zahl ihrer Mandate zu verdoppeln. Sie unterstützte die Politik des neuen Reichskanzlers Leo von Caprivi, der sich von der Schutzzollpolitik Bismarcks abzuwenden begann. Der damit verbundene innerparteiliche Frieden war indes trügerisch. Über Caprivis Heeresvorlage vom Mai 1893, die eine Aufstockung der Armee und die zweijährige Dienstpflicht beinhaltete, brachen indes bald die Konflikte aus. Sechs Abgeordnete des rechten Parteiflügels – darunter Georg von Siemens, der Mitbegründer der „Deutschen Bank" – stimmten (nach einigen von der Regierung zugestandenen Kompromissänderungen) für die Vorlage, während der linke Mehrheitsflügel der Partei Richter mit der Ablehnung folgte. Im Nachhinein war Richter, der nicht ohne Grund die Aufrüstung als so gefährlich einstufte wie sie sich denn 1914 auch erwies, zweifellos auf der inhaltlich weitsichtigeren Seite. Indes zeigte seine Reaktion auf den Dissens, dass die politische Spannbreite seiner Partei immer enger und weniger integrationsfreundlich wurde. Noch am gleichen Tag beantragte Eugen Richter den Ausschluss der sechs Abtrünnigen, was zur Spaltung der Partei führte. Noch vor der Reichstagswahl im Juni 1893 gründeten die Befürworter der Heeresvorlage zusammen mit den ehemaligen Mitgliedern der „Liberalen Vereinigung" die „Freisinnige Vereinigung".

Richter antwortete mit der Gründung der „Freisinnigen Volkspartei". Bei den Wahlen büßten die nun getrennt antretenden Linksliberalen fast die Hälfte der Mandate ein. Vor allem: Damit verlor Richters Partei Personen, die selbst nach strikten Maßstäben zu den liberalsten Köpfen der Zeit gehörten. Einige davon, man denke an Ludwig Bamberger oder Heinrich Rickert, hätten das Beiwort „entschiedene Liberale" ebenso verdient wie Richter selbst. Die Spaltung, die bis 1910 (Gründung der „Fortschrittlichen Volkspartei") andauerte, war jedenfalls ein verheerendes Signal, weil sie den oppositionellen Liberalismus der wilhelminischen Ära schwächte, weil sie den Sozialdemokraten den Weg zur führenden Oppositionspartei ermöglichte, und weil sie etatistische Abgrenzungsstrategien der „Freisinnigen Vereinigung" begünstigte, die dann unter Friedrich Naumann zur vollen Blüte kamen. Der „Reinheit" des liberalen Dogmas war hier wohl – entgegen der Intention – durch Richter wenig gedient. Es kann durchaus sein, dass sich der (parteipolitische) Liberalismus durch den Richterschen Rigorismus bei der Parteiführung schneller in die Richtung entwickelte, die er damit vermeiden wollte, was bei mehr Umsicht auch möglich gewesen wäre.

***

Während dieser Punkt konzediert werden sollte, kann kaum bestritten werden, dass Richter sich damit als Leitbild für liberale Politikvorstellungen etablieren konnte. Seine Positionen waren keineswegs „verengt" und „lediglich auf Finanzfragen gerichtet"[11], wie ein neueres politisches Nachschlagewerk bemerkt, sondern in der Sache (also nicht unbedingt parteistrategisch) äußerst weitsichtig und umfassend. Richter wurde in der Tat der Hüter des eigentlichen liberalen Erbes in den Zeiten der Krise des deutschen Liberalismus. Als solcher wurde er auch – unter anderem von Heinrich Mann – stets wahrgenommen. Die Kritik an der parteistrategischen Praxis muss hier in mancher Hinsicht von der programmatischen Evaluierung getrennt werden. In programmatischer Hinsicht war er keineswegs der „Totengräber des Linksliberalismus", wenngleich sein Handeln als Parteiführer vielleicht jene echten „Totengräber" erst aufkommen ließ, die die Ziele der Gegner, etwa die Ausdünnung des Genossenschafts- und Selbsthilfewesens durch Staatssozialismus, Kolonialismus, Aufrüstung, Nationalismus, Schutzzollpolitik, Staatsverschuldung, auch unter Fortschrittlichen akzeptabel machten. Gerade darin, dass Richter diesen Tendenzen selbst immer mit hoher Konsequenz widerstand, liegt seine eigentliche Bedeutung.

Ein Teil des Bildes von der angeblichen Beschränkung seines

Betätigungsfeldes auf „Finanzfragen" geht sicher darauf zurück, dass Richter tatsächlich ein Haushaltsexperte ersten Ranges war. Er galt als der einzige Abgeordnete, der der Regierung an Wissensstand in Budgetfragen gewachsen war, und der Haushaltsvorlagen bis ins letzte Detail analysieren konnte. Der Liberalismushistoriker Friedrich C. Sell schrieb dazu: „Mit dem Rechenstift des gewissenhaften Buchhalters suchte Richter das dynastische Machtstreben des Militarismus zu bekämpfen."[12]

Es weiß jeder, der die parlamentarische Praxis (und ganz bestimmt die des Reichstags, der keinen Zugriff auf die Regierungsbildung hatte) kennt, dass die Haushaltspolitik der Dreh- und Angelpunkt für alle anderen Politikfelder ist. Schon während der Verfassungskrise der 1860er-Jahre hatte Richter gesehen, dass sich hinter Fragen des Etats wesentlich weiterreichende Fragen versteckten, die das Gesamtverständnis des Staates – Verfassungsfreiheit oder Machtstaat? – betrafen. Richter benutzte die Haushaltslage immer wieder als den Hebel, um die eigentlichen politischen Strukturprobleme des Staates anzuprangern. Wenn er etwa 1903 eine Kritik der „trotz Steuererhöhungen und rapider Vermehrung der Reichsschuld geschaffenen ungünstigen Finanzlage" äußerte, und „äußerste Sparanstrengungen" fordert (was an sich schon Richters Aktualität zeigt ...), dann führte er stets als eigentliche Ursache der Misere die „gewaltigen Steigerungen des Aufwandes für die Marine, das Heer und die Kolonien" an.[13] Dies erlaubt aber keineswegs den Umkehrschluss, dass alle diese Dinge nur wegen ihrer Folgen für den Haushalt kritisiert wurden. Der Haushalt bot im Reichstag stets die Gelegenheit, alle politischen Fragen aufzuwerfen und missliebige politische Projekte über die Finanzierung zu verhindern – und diese Gelegenheit nutzte Richter in meisterhafter Weise.

Ähnlich stand es mit der anderen zentralen ökonomischen Problematik, die im Mittelpunkt des Richterschen Politikverständnisses stand, nämlich der Frage des Freihandels. Der Freihandel und der Kampf gegen die Schutzzollpolitik waren das Kernstück der fortschrittsliberalen Wirtschaftsphilosophie. Damit stand Richter ganz in der Tradition des sogenannten „Manchester-Liberalismus". Der Begriff ging ursprünglich auf den konservativen britischen Staatsmann und Schriftsteller Benjamin Disraeli zurück. Er bezeichnete die (meist aus Manchester stammenden) Initiatoren der Kampagne gegen die englischen Corn Laws, die Getreidezölle, in den 1840er Jahren. Diese Zölle, die die Lebenserhaltungskosten der arbeitenden Bevölkerung über alle Maßen erhöhten, die politische Macht der Großgrundbesitzer verfestigten und die Modernisierung der Landwirtschaft behinderten, waren zu einem politischen Symbol für Rückständigkeit geworden.

Es war eine Gruppe hoch idealistischer junger Politiker des radikalen Flügels der Liberalen, etwa Richard Cobden (1804-1865) und John Bright (1811-1889), die mit einer Massenkampagne 1846 die konservative Regierung dazu zwang, diese Zölle abzuschaffen. Die „Manchesterliberalen" verbanden die Freihandelsfrage immer mit der Frage der sozialen Missstände. Tatsächlich bewirkten die weitgehenden Marktöffnungen in der Folge eine bedeutsame Zunahme des Realeinkommens der arbeitenden Bevölkerung. In der Folge ergänzten die Manchester-Liberalen ihre Freihandelsagenda um andere Anliegen. Insbesondere Cobden engagierte sich für die Demokratisierung Englands; er befürwortete das Frauenwahlrecht; er wirkte beim Aufbau eines Genossenschaftswesens mit; er gründete eine Bewegung für allgemeine Schulbildung; er inspirierte eine europäische Friedensbewegung und wandte sich gegen den Kolonialismus seines Landes.

Diese Agenda inspirierte vor allem den linken oder radikalen Flügel der Liberalen in ganz Europa.[14] Richter sah sich stets ganz in der Tradition dieses Verständnisses von Liberalismus. Durch den Freihandel bekämpfte man die Privilegienwirtschaft und -herrschaft. „Die neuen Zölle," so griff Richter die Bismarcksche Zollpolitik an, „hatten ... die Lebenshaltung, insbesondere der minder wohlhabenden Klassen, erheblich verteuert."[15] Richtig analysierte Richter, dass die Zollpolitik dazu diente, „Sonderinteressen zu fördern".[16]

Das übrige Programm Richters war dieser Analyse entsprechend. So war für ihn zum Beispiel das preußische Dreiklassenwahlrecht ganz eng mit der wirtschaftlichen Privilegierung, die von der Schutzzollpolitik ausging, verbunden. Es begünstigte den „plutokratischen Charakter"[17] des politischen Systems, wobei

Richter auch hier wiederum die finanzpolitischen Dimensionen als entscheidend erachtete, denn die Reform der direkten Steuern im Jahre 1891 hatte z. B. eine Ungleichgewichtung zu Lasten des Wahlrechts niederer Einkommen erbracht. Richter dachte bei solchen Fragen stets in Gesamtzusammenhängen.

Es ist häufig als Beleg für den wenig zukunftsweisenden Zuschnitt der Richterschen Anschauungen genommen worden, dass die Kritik an der Ausdehnung der Sozialgesetzgebung und die Einführung der Schutzzollpolitik im Kontext der noch eher autokratischen/oligarchischen politischen Struktur des Kaiserreichs zwar durchaus richtig gewesen sei, dass aber diese Argumente mit der fortschreitenden Demokratisierung vollkommen obsolet geworden seien. Theodor Heuss' oben zitierte Aussage, Richter habe halt alles nur im Kontext des wilhelminischen Militarismus sehen können, geht in diese Richtung. Das Argument ist so kaum haltbar.

Spätestens heute wissen wir, dass die in Demokratien oft vorherrschende wohlfahrtsstaatliche Ausrichtung der Politik ausgesprochen freiheitsmindernd sein kann. Sie kann zu finanzpolitischer Verantwortungslosigkeit führen, zu einer Vernachlässigung langfristiger Perspektiven zu Gunsten kurzfristiger Denkansätze. Die Annahme, dass die Demokratie mit ihrem Mehrheitsprinzip die Sonderinteressen in die Schranken weise und das „Gemeinwohl" realisiere, muss als illusorisch betrachtet werden. Dies haben viele spätere Linksliberale und Sozialdemokraten nicht so gesehen. Zu ihrer Zeit mag man sich auch tatsächlich – bei oberflächlicher Betrachtung – dieser Idee hingegeben haben, weil die Demokratisierung der klassischen Form der Privilegienherrschaft durch die „Junker" tatsächlich ein Ende bereitete. In diesem Sinne befürwortete Richter auch selbstredend eine gewisse Demokratisierung. Die Stärkung der Kompetenzen des gewählten Reichstags gegenüber der „Fürstenkammer" des Bundesrats war ebenso ein zentraler Teil dieser Sicht wie die Reform des Wahlrechts. Aber er sah eben, dass dies nicht alle Probleme lösen könne. Langfristig – und dies sah Richter genau – würden sich unter demokratischen Verhältnissen ebenso Sonderinteressen von Minderheiten (notfalls durch Sonderinteressenkoalitionen) durchsetzen und im System verankern. Die Erfahrungen gaben ihm Recht. Richters Beschreibung der Reichstagssession 1879, in der über Getreidezölle debattiert wurde, liest sich wie eine neue Abhandlung zur „Public Choice-Theorie", d. h. der Analyse politischer Prozesse und Institutionen aus dem ökonomischen Interesse der Akteure (z. B. Wiederwahl) heraus. Als die Agrarzollobbyisten sich in der Defensive wähnten, verbündeten sie sich mit ihren bisherigen Gegnern. Was folgt, ist eine der geistreichsten Schilderungen des „parlamentarischen Markts für Schutzzölle", die je verfasst wurden: „Nunmehr wurde es als möglich hingestellt, dass die Agrarier gegen die Industriezölle, besonders die Eisenzölle, eine etwas veränderte Stellung einnehmen würden. Schließlich aber fand der Zweifel dahin seine Lösung, dass die Eisenschutzzöllner und die Agrarier sich gegenseitig weitere Zollerhöhungen zugestanden."[18]

Damit, so Richter, wurde ein Damm gebrochen: „Wo die großen Interessengruppen derart an der Tafel der Schutzzölle schwelgten, wäre es hartherzig gewesen, den Appetit der Kleinen ungestillt zu lassen. Es brauchten zuletzt aus irgendeinem Wahlkreise bloß ein paar Fabrikanten, vielleicht auch nur ein einziger bei einem gefälligen Abgeordneten sich eine Zollerhöhung, beispielsweise auf Korkstöpsel, Dachschiefer, Korbweiden zu bestellen, so konnten sie sicher sein, wenn das Haus sonst bei guter Laune war, den Zoll auch zu erhalten. Nur das besondere Ungeschick der Herren Moufang und Bernards ließ den Mainzer und Düsseldorfer Gemüsebauern den verlangten Gemüsezoll entgehen. Der Reichstag spendete derart nach allen Seiten Wohltaten. Diejenigen, aus deren Leder die Riemen geschnitten wurden, die Interessen der Konsumenten, kamen dagegen nicht in Betracht."[19]

***

Damit war auch eindeutig klargestellt, dass Richter und die Manchester-Liberalen keineswegs von einer „Blindheit gegenüber sozialen Fragen" geschlagen waren, wie ein neuerer Historiker meint.[20] Richter ging davon aus, dass ein sich ausdehnender Machtstaat in jedem Falle (ob demokratisch oder autoritär) sein Monopol nutzen würde, um eine wenig zielgerichtete Sonderinteressenpolitik zu betreiben (was aus heutiger Sicht wohl empirisch belegbar ist), weshalb der Staat bald unter dieser Last zusammenbrechen würde.[21] So war im Mai 1881 seine Opposition gegen die als Voraussetzung der Bismarckschen Unfallversicherung einzurichtende Reichsversicherungsanstalt keineswegs prinzipieller Natur, sondern vielmehr versprach er sich mehr davon, wenn diese dezentraler als Landesanstalten betrieben würde. Die Kritik richtete sich also vor allem gegen die Errichtung von Monopolen und die Eliminierung von Wettbewerb.

Vor allem aber fürchtete er, dass die Möglichkeiten zu einer auf Selbsthilfe und Versicherungswesen basierenden Linderung sozialer Not noch nicht ausgeschöpft gewesen seien. Richter sah durchaus, dass hier auch Bedarf an staatlichem Handeln bestand. Dieses sollte aber vor allem darauf abzielen, den Selbsthilfe- und Selbstorganisationsinteressen einen ordnungspolitischen Entwicklungsrahmen zu setzen. Die preußischen Genossenschaftsgesetze von 1869 (die später vom Reich übernommen wurden) schufen zum Beispiel durch die Einführung des Prinzips der beschränkten Haftung große Anreize zur Expansion des Genossenschaftswesens, ohne dabei lenkend oder subventionierend[22] einzugreifen. Der Staat sollte keineswegs sozial blind sein, aber auf den Vorrang von Freiheit und Freiwilligkeit achten. Das war das gelebte Subsidiaritätsprinzip. Die Genossenschaftsgesetze Preußens waren maßgeblich von Richters Mentor Schulze-Delitzsch inspiriert und gestaltet worden. Richter unterstützte diese Bestrebungen stets und sah sich als Erbe Schulze-Delitzschs an. Er befürwortete eine solch stabile rechtliche Grundlage auch für die in Berufsgruppen organisierten Gewerkvereine, deren soziale Zielsetzungen schon deutlich über die der Genossenschaften hinausgingen. Dass diese bei Konflikten zwischen Arbeitnehmern und Arbeitgebern den ersteren durch kollektiven Einsatz beistanden, sah er als Garantie für den sozialen Frieden an. Sie würden Gewaltakte im Sinne eines „sozialen Friedens" letztlich eindämmen: „Eine gesicherte Rechtsgrundlage der Berufsvereine dagegen würde es auch den Arbeitern ermöglichen, nur Vertretung ihrer Interessen sich auf dauernder Grundlage unabhängig von den Leidenschaften des Augenblicks im Falle eines Streiks, zu organisieren."[23]

Tatsächlich war die Furcht Richters, dass die bestehenden Ansätze durch die staatlichen Sozialversicherungen Schaden nehmen würden, keineswegs unbegründet. Was hier geschah, wird von Ökonomen als „crowding out" bezeichnet. Die Verdrängung dieses Bereiches (und im übrigen auch dem der ebenfalls zu dieser Zeit vom freiwilligen Gemeinsinn der Unternehmerschaft geprägten Bereich der betrieblichen Fürsorge, die damals noch nicht zur irrelevanten „3. Säule" des Rentensystems verkommen war[24]) ist durch die staatliche „Konkurrenz" verursacht worden. Im Falle von Bismarck geschah dies ganz bewusst, um den Sozialisten das staatssozialistische Wasser abzugraben (was nicht gelang) und die Verankerung der Liberalen in der Arbeiterschaft, über die die Manchesterliberalen anfänglich (im Gegensatz zu den späteren „Sozialliberalen") noch in einem gewissen Umfang verfügten, zu zerstören (was gelang). Gleichzeitig mit der Zerstörung des sozialen Aspekts des liberalen Genossenschaftswesens und des privaten Versicherungswesens lancierte Bismarck eine noch das heutige Geschichtsverständnis dominierende Propaganda von der völligen sozialen Gefühlskälte der Liberalen – selbst wenn sie, wie Richter, selbst aus dem Genossenschaftswesen kamen.

Dafür, dass der liberale Gemeinsinn nicht an immanenten Faktoren zerbrach, sondern dass dies Folge des Tuns des politischen Gegners war, spricht die Tatsache, dass die erste der Bismarckschen Sozialversicherungen 1883 die Krankenversicherung war. Dies war nämlich bisher der effizienteste Bereich der privaten und genossenschaftlichen Vorsorge gewesen, wo objektiv der geringste politische Handlungsbedarf bestand. Richter konnte 1898 schon sehen, wie die bisherigen Hilfsorganisationen in diesem Bereich durch den Staat verdrängt wurden:

„Es sind nämlich die Krankenversicherungsgesetze geeignet, die Entwicklung der eingeschriebenen Hilfskassen zurückzudrängen. Tatsächlich haben von 1891 bis 1895 die eingeschriebenen Hilfskassen sich von 1 841 auf 1 388, die landesrechtlichen Hilfskassen von 450 auf 263 vermindert. Die Zahl der Mitglieder ist bei den eingeschriebenen Hilfskassen von 838 481 auf 671 668 und bei den landesrechtlichen Hilfskassen von 138 883 auf 60 543 zurückgegangen. Die freien Hilfskassen aber beruhen ausschließlich auf den Beiträgen der Arbeitnehmer, sie sind in der Lage, den Arbeitern mehrfach besondere Vorteile gewähren zu können. So können sie insbesondere durch eine von dem einzelnen Ort unabhängige Organisation (Centralkasse) dem Arbeiter ermöglichen, bei der Übersiedelung an einen anderen Arbeitsplatz in derselben Kasse zu verbleiben."[25]

Die neuere Forschung bestätigt dies. Mehr als ⅔ derer, die nun zwangsweise dem staatlichen System einverleibt wurden, waren schon zuvor in irgendeiner Form gegen Krankheitsrisiken versichert. „Das Ausmaß, in dem die soziale Krankenversicherung damals an zuvor schon spontan und privat entstandenen Institutionen anknüpfen konnte, zeigt, dass selbst eine noch arme Bevölkerung des wohlwollenden Paternalismus von seiten des Staates nicht so dringend bedarf ..."[26], urteilt die vor einigen Jahren verstorbene Wirtschaftspublizistin Renate Merklein darüber. Die staatliche Arbeitslosenversicherung, die in privatgenossenschaftlicher Weise nur schwer organisiert werden kann (nur potentiell Arbeitslose – also diejenigen, die sich selbst als „Risikogruppe" definieren – würden einzahlen)[27] wurde hingegen erst 1927 eingeführt.[28] Diese zeitliche Reihenfolge unterstreicht die eigentlich politisch motivierte – und destruktive – Richtung der Bismarckschen Reformen. Nicht dort, wo es sachlich am dringendsten erforderlich war, wurde zunächst reformiert, sondern dort, wo es den liberalen „Unterbau" am härtesten traf.

Richtig war weiterhin, dass die neue Sozialpolitik zunehmend mit fühlbaren und realen Freiheitsverlusten einherging. Schon 1892 wurde die Krankenversicherung reformiert, um die Wahlfreiheit für Patienten zu limitieren: „Bis dahin war es den freien Hilfskassen gestattet, ihren Mitgliedern [S. 213] höheres Krankengeld zu zahlen und es denselben dafür selbständig zu überlassen, Arzt und Arznei sich zu beschaffen. Die Kassenmitglieder waren also nicht an einen bestimmten Vereinsarzt gebunden. Durch die Novelle von 1892 aber ist die seitherige Bestimmung fortgefallen ..."[29]

Richter sah sich stets gezwungen, gegen Maßnahmen vorzugehen, die dazu angetan waren, das auf Freiwilligkeit basierende „Prinzip der Selbsthilfe, welche die Grundlage und das Lebenselement der Genossenschaften bildet, zu gefährden."[30] Er knüpfte hier an seinen Lehrmeister Schulze-Delitzsch an. Dieser hatte in seiner Abhandlung „Sociale Rechte und Pflichten" bereits im Jahr 1866 die Befürchtung geäußert, dass staatliche Abhängigkeiten bei den Betroffenen einen verhängnisvollen Mentalitätswandel bewirkten: „Wird nicht in den duldenden Klassen alles tüchtige Streben unterdrückt, wenn sie sich in der Freiheit der Bewegung auf jede Weise gehemmt und der Frucht ihrer Tätigkeit zum großen Teil beraubt sehen."[31] Wer wollte das heute bestreiten, wo das Problem massenhafter Dauerabhängigkeit im Verbund mit struktureller Arbeitslosigkeit nachweislich in immer größerem Maße negative Konsequenzen zeitigt – etwa bei den Bildungschancen der Kinder? Es handelt sich hier keineswegs um unsozialen Exzess, wenn Richter sich diesem Diktum anschließt. Die entmoralisierende Tendenz des Sozialetatismus war später auch selbstverständlicher Teil des Denkens der Väter der modernen „Sozialen Marktwirtschaft" – allen voran Ludwig Erhard[32], der 1957 ganz in diesem Sinne schrieb: „Die Blindheit und intellektuelle Fahrlässigkeit, mit der wir dem Versorgungs- und Wohlfahrtsstaat zusteuern, kann nur zu unserem Unheil ausschlagen. Dieser Drang und Hang ist mehr als alles andere geeignet, die echten menschlichen Tugenden: Verantwortungsfreudigkeit, Nächsten- und Menschenliebe, das Verlangen nach Bewährung, die Bereitschaft zur Selbstvorsorge und noch vieles Gute mehr allmählich, aber sicher absterben zu lassen ..."[33]

Wer in diesem Zusammenhang behauptet, Richter sei in Fragen der Sozialpolitik nicht mehr zukunftsweisend gewesen, missversteht, dass Richter zumindest einige der langfristigen Zukunftsprobleme deutlicher erkannte als manch andere Zeitgenossen, die sich aus eher kurzfristig gedachten Gründen allzu optimistisch dem neuen Zeitgeist anschlossen.

****

Konsequent war in diesem Zusammenhang, dass Richter sich daher bald in einem Zweifrontenkrieg befand, der den klassischen Fortschrittsliberalismus bald aufzureiben begann, aus dem aber auch kein einfacher Weg hinaus zu finden war. So wie Richter auf der einen Seite Bismarck und den folgenden Wilhelminismus bekämpfte, so vehement bekämpfte er auch den Gegner auf der „Linken", d. h. Teile des neuen sozialetatistisch angepassten Linksliberalismus und vor allem die Sozialdemokratie. Wer Richters überaus heftige Opposition zur Sozialdemokratie verstehen will, muss natürlich wissen, dass es sich damals noch um eine Bewegung handelte, die keinen Teilfrieden mit der Marktwirtschaft geschlossen hatte wie die heutige deutsche Sozialdemokratie. Richter konnte Sozialdemokratie noch weitgehend mit doktrinärem Sozialismus gleichsetzen. Im Oktober 1891 hatten sich die Sozialdemokraten mit dem „Erfurter Programm" unter der Federführung Karl Kautskys eine schlechterdings marxistische Grundbestimmung ihrer Position gegeben, die in der Abschaffung des Privateigentums an Produktionsmitteln kulminierte.

Vor diesem Hintergrund muss man die Kritik Richters sehen, die er etwa in den im selben Jahr erschienenen „Sozialdemokratischen Zukunftsbildern", einem kleinen Kurzroman, grandios darlegte. Dieses kleine Werk ist vielleicht dasjenige unter Richters Schriften, das am ehesten als dauerhaft anerkannter „Klassiker" gesehen werden kann. Es wurde bis heute immer wieder neu aufgelegt. Bereits 1892 waren in Deutschland rund 240 000 Exemplare – eine ungeheuere Auflage – verkauft. Außerdem war sie zu diesem Zeitpunkt schon in 8 Sprachen übersetzt. Richter schilderte darin ein fiktives Familienschicksal in einer (nicht so fernen) Zukunft, in der die Sozialdemokraten die Herrschaft gewonnen haben. Die sich verbreitende Not und Knappheit werden lebensnah geschildert, ebenso der zunehmend autoritär-repressive Charakter des sich ursprünglich radikal demokratisch gebenden politischen Systems. Am Schluss sieht sich das Regime gezwungen, die Grenzen zu schließen und auf fliehende Auswanderer schießen zu lassen. Der real existierende Sozialismus der DDR wurde so in geradezu seherischer Weise vorweggenommen. Nur in einem Punkt war Richter dabei dem Sozialismus gegenüber noch zu gnädig. Der durch die ausufernde Staatstätigkeit an den Rand der Erschöpfung getriebene Kanzler der Sozialdemokraten beklagt sich, weil er aufgrund der realisierten Gleichheit sich kein Personal halten dürfe, das ihm die Alltagsarbeit abnehme. Richter hätte sehen müssen, dass auch sozialistische Machthaber, wenn sie erst einmal das Machtmonopol innehaben, sich selbst durchaus mit Privilegien bereichern, wie das Beispiel des Sowjetkommunismus schließlich eindrücklich bewies.

Richter hatte mit den „Sozialdemokratischen Zukunftsbildern" einen der wenigen politischen Romane verfasst, der den unzähligen populären Romanen und Erzählungen auf der linken Seite, die der sozialistischen Utopie das Wort redeten, man denke an Edward Bellamys „Looking Backward" (1888), etwas Gleichwertiges entgegensetzte. Richter ergänzte außerdem seine fiktive Erzählung durch zahlreiche „sachprosaische" Schriften, die sich analytisch mit dem Thema auseinandersetzten, wie z.B. die kleine Streitschrift „Die Irrlehren der Sozialdemokratie" von 1890. Trotz der Tatsache, dass Richter in der Sozialdemokratie eine extreme Gefahr für alle Freiheiten sah, konnte er der Repression, die Bismarck mit den „Sozialistengesetzen" nach einem Attentat auf den Kaiser gegen sie entfachte, nicht zustimmen. Ähnlich wie er dem „Kulturkampf" gegen den organisierten Katholizismus, den auch zahlreiche Linksliberale befürworteten, kritisch gegenüberstand, befürchtete Richter hier eine dramatische Erosion von politischen und persönlichen Freiheiten, insbesondere der Meinungs-, Presse- und Versammlungsfreiheit. Zu Recht befürchtete er eine populistische Kampagne, die mit Ängsten vor vermeintlichen Verschwörungen operierte, um Bürgerrechte auszuhebeln (ein durchaus aktuelles Phänomen!). Richter bemerkte: „Aber die große Menge verschlang in der Aufregung ... jene Nachrichten und ließ sich dadurch noch mehr erhitzen. Denunziationen wegen Majestätsbeleidigungen erfolgten in großer Zahl, falsche Angaben, Missverständnisse und niedrigste Rachsucht spielten dabei eine große Rolle."[34]

Dadurch, dass Bismarck den „Sozialistengesetzen" zunächst die Schutzzollpolitik und dann die Sozialversicherungsgesetze (ab 1883) folgen ließ, gerieten Richter und seine Partei in eine strategisch prekäre Lage. Das „Sozialistengesetz" trieb einen Keil zwischen die Liberalen – zwischen Schutz vor sozialistischen Umtrieben und dem Schutz von Rechten. Die Sozialgesetze gruben den Sozialdemokraten kurzfristig das Wasser ab, brachten aber zugleich skeptische Liberale in die Defensive. Ein Wettlauf zwischen konservativen und sozialistischen Kräften um „Wahlgeschenke" begann, zu dem Liberale eigentlich nichts außer (zutreffender) negativer Kritik beitragen konnten, wollten sie nicht ihre Freiheitsprinzipien ganz und gar aufgeben. Sowohl nationalliberale als auch Fortschrittsliberale waren dadurch einem enormen Spaltungsdruck ausgesetzt. Zudem erdrückte und verdrängte die staatliche Sozialpolitik (so wie sie es heute noch tut) die nicht-staatlichen Wohlfahrtsmechanismen, was vor allem die Basis der Fortschrittsliberalen im Genossenschaftswesen hart traf. Zudem gab es eine (in Heinrich Manns „Der Untertan" glänzend dargestellte) schleichende Allianz zwischen Etatisten des konservativen (vor allem agrarischen) und sozialdemokratischen Lagers. Indigniert stellte Richter etwa 1903 in Bezug auf Verstaatlichungsinitiativen im Reichstag fest: „Demgemäß haben dieselben (Anm.: die Sozialdemokraten) gestimmt für die Verstaatlichung der Privatposten und haben auch im Bunde mit den Agrariern sich bemüht, in der Novelle zum Bankgesetz möglichst für Verstaatlichung der Reichsbank ... zu wirken."[35]

In dieser Situation wurde es für die Liberalen schwierig. Diejenigen Liberalen, die mit Friedrich Naumann eine eigene Variante des demokratischen Sozialetatismus vorantreiben wollten, lagen parteitaktisch vielleicht gar nicht völlig falsch. Man hat dies oft als langfristig angelegte Weisheit dargestellt, zumal es neue Bündnischancen mit einer sich moderierenden Sozialdemokratie gegen das alte „Establishment" ermöglichte. Selbst bekennende „Manchester-Liberale" wie Theodor Barth schlossen sich deshalb diesem Argument an. In Wirklichkeit war es wohl eher kurzfristige Taktik denn langfristige Strategie, denn es erodierte alte Wählerschichten und erschloss neue nicht im erwarteten Maße. Der Zwickmühle, in der sich die fortschrittlichen Liberalen befanden, war nicht leicht zu entrinnen. Der Ausverkauf programmatischer Kernpositionen war durchaus nicht der langfristig richtige Weg. Er ließ die Liberalen schließlich geradezu überflüssig erscheinen zwischen den beiden gegnerischen Blöcken. Ohne die Spaltung von 1893 und ihre recht harte Aufrechterhaltung durch Richter hätten die Fortschrittsliberalen das Problem jedoch leichter konfrontieren können. Die Kehrseite seiner Prinzipientreue war die Unfähigkeit Richters, sich mit inhaltlich Nahestehenden wie Ludwig Bamberger und anderen auf einen relativ „schmerzlosen" Kompromiss einigen zu können. 1903 waren die Linksliberalen (beide Parteien zusammen) im Reichstag an Mandaten noch einmal um die Hälfte gegenüber 1893 reduziert worden. Als 1910 nach Richters Tod die Wiedervereinigung der beiden linksliberalen Parteien erreicht wurde, war es wohl zu spät. Eine starke politische Kraft, die die zerstörerischen Kräfte des Wilhelminismus effektiv eindämmen konnte, entstand so nicht mehr. Der Liberalismus der Zeit unmittelbar vor 1914 trug viele der verhängnisvollen Politiken – etwa Flottenpolitik und Imperialismus – mit.

Richters Pech – und das der Fortschrittsliberalen überhaupt – war, dass die Gegner einen unauflöslichen Widerspruch zwischen taktischen Notwendigkeiten und politischen Zielen herzustellen wussten, aus dem nur schwer herauszukommen war.

***

Richter war sich vor seinem Tode wohl noch sehr bewusst, dass sich der Zeitgeist immer mehr gegen den klassischen Liberalismus seiner Prägung zu wenden begann. Der Begriff „Manchestertum", der zuvor mit den Errungenschaften einer auf das Wohl der arbeitenden Bevölkerung bedachten Bewegung gegen Schutzzölle und für Genossenschaften positiv belegt war, wurde immer mehr zu einem negativen Kampfbegriff der Antiliberalen. Ein untrügliches Zeichen davon war der aufkeimende Antisemitismus und die Art, wie er politisch instrumentalisiert wurde.[36] Dieser Gefahr galt in den letzten Jahren seines Lebens Richters besondere Aufmerksamkeit. Es begann 1879 mit einem in den „Preußischen Jahrbüchern" veröffentlichten Artikel des Historikers und abtrünnigen Nationalliberalen Heinrich von Treitschke unter dem Titel „Unsere Aussichten", der mit dem Ausruf „Die Juden sind unser Unglück!" den berühmten „Antisemitismusstreit" eröffnete. Als Gegner der Antisemiten betätigten sich besonders viele Linksliberale beider Parteien, etwa Theodor Barth, Ludwig Bamberger oder Theodor Mommsen. Eugen Richter kämpfte dabei an vorderster Front.

Mit gutem Grund, wie ein Beispiel zeigt: Die ebenfalls im Jahre 1879 erschienene Hetzschrift des Hamburger Linksdemokraten Wilhelm Marr (der den Begriff „Antisemitismus" erfunden hatte) „Der Sieg des Judenthums über das Germanenthum", die im Erscheinungsjahr bereits in zwölfter Auflage erschien, war Teil jenes „Antisemitismusstreits". Marr legt darin die Gründe seines neuen Antisemitismus so dar: „Das Judentum ist das angewandte, bis zum Extrem durchgeführte Manchestertum. Es kennt nur noch den Handel, und auch davon nur den Schacher und Wucher. Es arbeitet nicht selber, sondern lässt Andere für sich arbeiten, es handelt und spekuliert mit den Arbeits- und Geistesprodukten Anderer. Sein Zentrum ist die Börse ... Als ein fremder Stamm steht es dem Deutschen Volk gegenüber und saugt ihm das Mark aus. Die soziale Frage ist wesentlich Gründer- und Judenfrage, alles übrige ist Schwindel."[37]

Der Jude als Spekulant und dubioser Manchester-Liberaler blieb als Etikett haften und traf die Linksliberalen in besonderer Weise. Diese Ideen gewannen nicht zuletzt an Boden, weil sowohl Bismarck als auch später Wilhelm II. sie aus taktischen Gründen wohlwollend tolerierten. Bismarck, der persönlich kein Antisemit war, sandte immer wieder entsprechende Signale an die antisemitischen Konservativen im Reichstag aus – etwa als er sich 1884 öffentlich weigerte, eine Kondolenzadresse des amerikanischen Repräsentantenhauses für den gerade verstorbenen jüdischen (und liberalen) Abgeordneten Eduard Lasker im Reichstag verlesen zu lassen. Mit Äußerungen über die »Clique der Manchesterpolitiker" als die „Vertreter des mitleidlosen Geldsacks« bedient er versteckt die entsprechenden Klischees. Empört bemerkte Eugen Richter über den Antisemitismus, man werde „nicht irre gehen, wenn man diese Bewegung als einen Bestandteil der Wahlpolitik des Fürsten Bismarck erachtet."[38]

Richter stellte fest, dass man nicht nur Juden mit antiliberalen Etiketten wie „Spekulant" diskreditierte, sondern umgekehrt vor allem auf konservativer Seite auch den Antisemitismus dazu benutzte, um damit liberale Wirtschaftspolitiken zu diskreditieren. „Man verhehlt nicht, dass die bisherigen Programmpunkte der Konservativen wie die Zünftlerei, der Kornzoll und dergleichen im

Laufe der Zeit ihre Zugkraft eingebüßt haben. Durch die antisemitische Agitation glaubt man am bequemsten die Volksleidenschaften gegen den Liberalismus erregen und bei dem entfachten antisemitischen Feuer neue konservative Suppen kochen zu können."[39]

Bemerkenswert ist, dass die Antisemiten des späten 19. Jh. einen gegen England gerichteten Begriff – „Manchester"! – antijüdisch umformten.[40] Hinter der englischen Großmacht stünden, so wurde suggeriert, jüdische Kapitalinteressen. Engländer und Juden seien eben bloße „Händlervölker". Ähnliches hört man heute in subtilerer Form von den Anti-Zionisten im linken Spektrum. Aber immer noch scheint es darum zu gehen, die Führungsmächte der liberalen Demokratie zu diskreditieren. Die USA (die wohl als die „Briten von heute" fungieren) seien Zentrum eines raubgierigen und unproduktiven Finanzkapitalismus, der die Globalisierung wolle. Dasselbe Zentrum stelle sich bedingungslos hinter Israel. Die demokratische Selbstbestimmung der Völker sei, so die Argumentation (die unterschlägt, dass die Globalisierung mit einer weltweiten Demokratisierungswelle einherging), durch das Weltfinanzsystem weitgehend ausgeschaltet. Diese These, dass der freie Kapitalmarkt die Demokratie unterhöhle, ist keine Erfindung der modernen Antiglobalisierer. Sie findet sich bereits 1879 bei Marr: „Ihr wählt die Fremdherrschaften in Eure Parlamente, Ihr macht sie zu Gesetzgebern und Richtern, Ihr macht sie zu Diktatoren der Staatsfinanzsysteme, Ihr habt Ihnen die Presse überantwortet, ... was wollt Ihr denn eigentlich? Das jüdische Volk wuchert mit seinen Talenten und Ihr seid geschlagen, wie das ganz in der Ordnung ist und wie Ihr es tausendfach verdient habt."[41]

Ist die von den heutigen Globalisierungsgegnern geforderte „Tobin Tax" auf Spekulationsgewinne die sich politisch korrekter gebende Nachfolgerin der Börsensteuer, die 1879 vom antisemitischen Hofprediger Adolf Stöcker gefordert wurde? Ist aus der damaligen Allianz von Antisemitismus und Antikapitalismus eine Allianz von Antizionismus und Antikapitalismus geworden? Dies mag überspitzt klingen, aber zumindest teilweise lässt sich diese Verbindung nicht von der Hand weisen.

In der Agitation gegen die „Manchesterliberalen" wurde die

Verbindung zwischen der Gegnerschaft zur ökonomischen Philosophie des Liberalismus und einem nationalistisch-rassistischen Chauvinismus erstmals in erschreckendem Maße deutlich. Schon 1892 äußerte sich Eugen Richter pessimistisch über das, was da kommen werde: „Die antisemitische Bewegung erscheint bei weitem verwerflicher als die sozialistische Agitation. Sie richtet sich nicht bloß gegen äußere Besitzverhältnisse, sondern gegen die Menschen an sich und ihre Abstammung."[42]

***

Eugen Richter mag als Parteiführer mit seiner Kompromisslosigkeit und seiner autoritären Art der Führung, die oft das Nachrücken talentierten Nachwuchses verhinderte, durchaus nicht immer unproblematisch gewesen sein. Seine wahre Bedeutung, die oft verkannt wurde, ist indes die, dass er nicht nur konsequent liberale Positionen in Zeiten der Bedrängnis verfocht, sondern dass er die Folgen des neuen Etatismus – vom dogmatischen Sozialismus bis zur schleichenden sozialstaatlichen Erosion der Freiheit – in geradezu seherischer Weise vorahnte. Seine Kritik am machtstaatlichen Imperialismus, Flottenaufrüstung und Kolonialismus ist bisweilen als Verkennung der Bedürfnisse des volkstümlichen Machtstaats gedeutet worden, den seine Rivalen im linksliberalen Lager – angeführt von Friedrich Naumann und Theodor Barth – richtig erkannt hatten und dem sie sich deshalb anpassten. War es eine vorausschauende Position, wenn ein Theodor Barth, der mit dem Schlachtruf „der Liberalismus muss eine große nationale Politik treiben"[43] das Flottenprogramm stützte, gleichzeitig aber 1908 auf dem Londoner Freihandelskongress ernsthaft die Verständigung mit England beschwor, die zu zerstören ja im Grunde der Zweck der Flottenpolitik gewesen war? Was hatte dieser Flottenaufrüster Barth mit dem echten Linksliberalen Barth noch gemein, der da sagte: „Freihandel ist heute bei weitem die stärkste Garantie des europäischen Friedens … Ich weiß nur dies, dass die ganze Welt und die Friedensführer darin England verpflichtet sind, wenn es dieser Politik treu bleibt."[44] Dies alles war kein Programm, das langfristig funktionieren konnte. Es war schlichtweg schizophren. Mit ihrer Anbetung der imperialen Machtpolitik haben die vereinigten Linksliberalen nach Richters Tod 1906 die eigentlichen Grundlagen ihrer Politik unterminiert.⁴⁵

Richter war der letzte echte liberale deutsche Parteiführer vor dem ersten Weltkrieg. Die Deutschen hätten sich viel Unglück erspart, hätten sie stattdessen Richters Botschaften tiefer verinnerlicht. Schon deshalb, meint der amerikanische Historiker Ralph Raico „verdient der rheinische Liberale eine bessere Behandlung seitens der Historiker".⁴⁶

Richter war zudem keineswegs der aus verengtem ökonomischem Blickwinkel urteilende liberale Politiker, den spätere Historikergenerationen gerne aus ihm machten. Im Gegenteil: Ob es um die Bekämpfung des Antisemitismus oder des Kolonialismus oder des Abbaus von Bürgerrechten ging, kaum ein liberaler Parteiführer vor oder nach ihm hat seine liberalen Überzeugungen so konsequent in alle Politikfelder umgesetzt wie Richter. Er selbst brachte es 1896 auf den Punkt: „Die wirtschaftliche Freiheit hat keine Sicherheit ohne politische Freiheit, und die politische Freiheit findet ihre Sicherheit nur in der wirtschaftlichen Freiheit."⁴⁷

ANMERKUNGEN ZUM VORWORT

1 Detmar Doering, Jahrgang 1957, Dr. phil., ist Leiter des Liberalen Instituts der Friedrich-Naumann-Stiftung, Potsdam
2 Theodor Heuss: Friedrich Naumann. Der Mann, das Werk, die Zeit, Stuttgart 1949, S. 242
3 Dies ist auch der Titel der einzigen neueren Biographie Richters, die allerdings fast sämtliche historischen Klischees übernommen hat: Ina Susanne Lorenz: Eugen Richter – Der entschiedene Liberalismus in wilhelminischer Zeit 1871-1906, Husum 1980
Der amerikanische Historiker Ralph Raico bemerkt zu dieser Biographie: „Sie ist vor allem wegen des unerschöpflichen Widerwillens der Verfasserin gegen ihren Untersuchungsgegenstand und ihr Unverständnis des ‚entschiedenen' Liberalismus in Deutschland bemerkenswert." Ralph Raico: Die Par-

tei der Freiheit. Studien zur Geschichte des deutschen Liberalismus, Stuttgart 1999, S. 88

4 Eine ausführliche Würdigung des „Kongresses deutscher Volkswirte" findet sich in: Volker Hentschel: Die deutschen Freihändler und der volkswirtschaftliche Kongreß 1858 bis 1885, Stuttgart 1975

5 Eugen Richter: Jugend-Erinnerungen, Berlin 1892, S. 61

6 Eugen Richter: Jugend-Erinnerungen, Berlin 1892, S. 66

7 Eugen Richter: Jugend-Erinnerungen, Berlin 1892, S. 160

8 Eugen Richter: Jugend-Erinnerungen, Berlin 1892, S. 101f

9 Eugen Richter: Jugend-Erinnerungen, Berlin 1892, S. 169

10 Einen gründlichen Überblick über das publizistische Wirken Richters liefert: Leopold Ullstein: Eugen Richter als Publizist und Herausgeber. Ein Beitrag zum Thema „Parteipresse", Leipzig 1930

11 Bernd Haunfelder: Die liberalen Abgeordneten des Deutschen Reichstags 1871-1918, Münster 2004, S. 332

12 Friedrich C. Sell: Die Tragödie des Deutschen Liberalismus (1953), 2. Aufl., Baden-Baden 1981, S. 241

13 Eugen Richter: Politisches ABC-Buch. Ein Lexikon parlamentarischer Zeit- und Streitfragen, Berlin 1903, S. 158 (Stichwort: Reichshaushalt)

14 Eine konzise Würdigung des Manchester-Liberalismus findet sich in: Detmar Doering: Eine Lanze für den Manchester-Liberalismus; in: liberal, Heft 3, August 1994, S. 80ff, ders., Mythos Manchestertum. Ein Versuch über Richard Cobden und die Freihandelsbewegung (PositionLiberal), Berlin 2004

15 Eugen Richter: Politisches ABC-Buch. Ein Lexikon parlamentarischer Zeit- und Streitfragen, Berlin 1903, S. 205 (Stichwort: Zolltarifvorlage)

16 Eugen Richter: Politisches ABC-Buch. Ein Lexikon parlamentarischer Zeit- und Streitfragen, Berlin 1903, S. 221 (Stichwort: Zolltarifvorlage)

17 Eugen Richter: Politisches ABC-Buch. Ein Lexikon parlamentarischer Zeit- und Streitfragen, Berlin 1903, S. 49 (Stichwort: Dreiklassenwahlrecht)

18 Eugen Richter: Im alten Reichstag. Erinnerungen, 2 Bde., Berlin 1896, II S. 124
19 Eugen Richter: Im alten Reichstag. Erinnerungen, 2 Bde., Berlin 1896, II S. 125
20 Dieter Langewiesche: Liberalismus in Deutschland, Frankfurt 1988, S. 195
21 So meinte er 1896 hellsichtig, der Sozialstaat „erweckte hier wachsende Ansprüche gegen den Staat, die kein Staatswesen auf die Dauer befriedigen kann ..." Zitiert nach Ralph Raico: Die Partei der Freiheit. Studien zur Geschichte des deutschen Liberalismus, Stuttgart 1999, S. 135
22 Gegen eine Subventionierung von Genossenschaften durch den Staat wandte Richter ein: „Die jetzt so vielfach empfohlene Staatshilfe für Genossenschaften ist nur geeignet, die Genossenschaftsbildung zu übertragen auf Verhältnisse und auf Personen, für welche dieselbe nicht geeignet ist. Der dann unausbleibliche Misserfolg trägt zugleich eine Gefahr für das Ansehen der gesamten Genossenschaftsbewegung in sich." Eugen Richter: Politisches ABC-Buch. Ein Lexikon parlamentarischer Zeit- und Streitfragen, Berlin 1898, S. 135/136 (Stichwort: Genossenschaften)
23 Eugen Richter: Politisches ABC-Buch. Ein Lexikon parlamentarischer Zeit- und Streitfragen, Berlin 1898, S. 145/146 (Stichwort: Gewerkvereine)
24 Zum Beispiel die Pensionskasse der Firma Siemens Ende des 19. Jahrhunderts, die so viele Überschüsse erwirtschaftete, dass sie sogar um eine Witwenversicherung und eine rudimentäre Versicherung gegen Arbeitslosigkeit im Falle des Firmenbankrotts ausgebaut werden konnte. Siehe: Werner von Siemens: Lebenserinnerungen (1892), Leipzig 1943, S. 374ff.
Es ist allerdings fraglich, ob derartiges in einem modernen Wirtschaftsmilieu noch funktionieren könnte, das nicht von der Schwerindustrie und dem Großbetrieb dominiert, sondern von höherer Mobilität und Flexibilität geprägt ist. Nur im ersten Fall kann die nötige Bindung des einzelnen Arbeiters an die Firma hinreichend verwirklicht werden.
25 Eugen Richter: Politisches ABC-Buch. Ein Lexikon parlamen-

tarischer Zeit- und Streitfragen, Berlin 1898, S. 211 (Stichwort: Krankenversicherung)
26 Renate Merklein: Ordnungspolitische Verwahrlosung am Beispiel des Gesundheitswesens, in: Forum Freiheit (Hrsg.): Ist unser Wohlfahrtsstaat reformierbar?, Bonn 1997, S. 30
27 Trotz dieser Schwierigkeit gab es schon vor 1927 einige private und gemeinsinnige Arbeitslosenversicherungen. 1879 führte z. B. der Deutsche Buchdruckerverband eine entsprechende Versicherung ein, die dem Prinzip der Selbsthilfe entsprach. Auch einzelne Firmen boten derartiges ihren Arbeitern an, etwa Zeiss.
28 Die steuerfinanzierte Arbeitslosenhilfe wurde immerhin schon 1919 als „Erwerbslosenfürsorge" eingeführt.
29 Eugen Richter: Politisches ABC-Buch. Ein Lexikon parlamentarischer Zeit- und Streitfragen, Berlin 1898, S. 212/213 (Stichwort: Krankenversicherung)
30 Eugen Richter: Politisches ABC-Buch. Ein Lexikon parlamentarischer Zeit- und Streitfragen, Berlin 1898, S. 133 (Stichwort: Genossenschaften)
31 Hermann Schulze-Delitzsch: Sociale Rechte und Pflichten, Berlin 1866, S. 23
32 Die Richtersche Betonung des Vorrangs des rechtlichen Ordnungsrahmens gegenüber der direkten Intervention in Verbindung mit der moralischen Dimension der Marktwirtschaft erinnert denn auch durchaus an den deutschen „Ordo-Liberalismus" der Nachkriegszeit und die Konzeption Ludwig Erhards, auch wenn Erhard den Spielraum des Staates weiter fasste als Richter. Es ist bezeichnend, dass Erhard in seiner Jugendzeit noch vom Richterschen Fortschrittsliberalismus beeinflusst wurde. Sein Vater war glühender Anhänger Eugen Richters. Siehe: Alfred C. Mierzejewski: Ludwig Erhard. Der Wegbereiter der Sozialen Marktwirtschaft, München 2005, S. 14f.
33 Ludwig Erhard, Wohlstand für Alle (1957), Neudruck, Düsseldorf 1997, S. 248
34 Eugen Richter: Im alten Reichstag. Erinnerungen, 2 Bde., Berlin 1896, II S. 66

35 Eugen Richter: Politisches ABC-Buch. Ein Lexikon parlamentarischer Zeit- und Streitfragen, Berlin 1903, S. 166 (Stichwort: Sozialdemokraten)
36 Dazu grundlegend: Detmar Doering: „Manchestertum" – ein antisemitischer Kampfbegriff. Die dunkle Seite der Gegner des Freihandels; in: liberal, Heft 3, September 2004, S. 62 ff
37 Wilhelm Marr: Der Sieg des Judenthums über das Germanenthum, Berlin 1879, S. 11
38 Eugen Richter: Politisches ABC-Buch. Ein Lexikon parlamentarischer Zeit- und Streitfragen, Berlin 1892, S. 10 (Stichwort: Antisemiten)
39 Eugen Richter: Politisches ABC-Buch. Ein Lexikon parlamentarischer Zeit- und Streitfragen, Berlin 1892, S. 13 (Stichwort: Antisemiten)
40 Die Verwendung des Begriffs „Manchestertum" durch die Gegner der Liberalen sollte per se an fremdenfeindliche Instinkte appellieren. Indigniert stellte Richter fest: „Die Schutzzöllner legen den deutschen Freihändlern gern diesen ausländischen Namen bei, obwohl die deutschen Freihändler nicht um englische Interessen, sondern um deutsche Interessen willen für den Freihandel eintreten." Eugen Richter: Politisches ABC-Buch. Ein Lexikon parlamentarischer Zeit- und Streitfragen, Berlin 1898, S. 236 (Stichwort: Manchesterpartei)
41 Wilhelm Marr: Der Sieg des Judenthums über das Germanenthum, Berlin 1879, S. 46
42 Eugen Richter: Politisches ABC-Buch. Ein Lexikon parlamentarischer Zeit- und Streitfragen, Berlin 1892, S. 14 (Stichwort: Antisemiten)
43 Zitiert nach: Peter Theiner: Sozialer Liberalismus und deutsche Weltpolitik. Friedrich Naumann im Wilhelminischen Deutschland 1860-1919, Baden-Baden 1983, S. 307
44 Theodor Barth: Speech, First Session; in: Report of the Proceedings of the International Free Trade Congress, London, August 1908, S. 9 (Übers. DD)
45 Selbst ein wohlwollender Betrachtender des „neuen" Liberalismus eines Barth oder Naumann, wie Peter Theiner: Sozialer Liberalismus und deutsche Weltpolitik. Friedrich Naumann

im Wilhelminischen Deutschland 1860-1919, Baden-Baden 1983, S. 307, meint: „Es lässt sich unschwer ersehen, dass diese Konzeption ungedeckte Annahmen enthielt. Für die sozialdemokratische Arbeiterschaft, die ja hinzugewonnen werden sollte, blieb diese Form des liberalen Imperialismus wenig überzeugend. Die Hoffnung auf eine innere Liberalisierung, die die liberalen Imperialisten mit ihrem Votum verknüpften, ging ins Leere. Im Kaiserreich war für einen Imperialismus liberaler Prägung kein Platz. Die nationale Parole, in ihrer Verklammerung mit einem ängstlich gehüteten status quo, blieb in der Hand der politischen Rechten. Bis zum Ende der Weimarer Republik lässt sich das Scheitern eines liberalen Imperialismus oder demokratischen Nationalismus verfolgen. Die bürgerliche Linke entfernte sich mit jeder nationalistischen Konzession weiter von der politischen Arbeiterbewegung, und sie konnte doch die politische Rechte nicht gleichsam nationalistisch überholen."

46 Ralph Raico: Die Stellung Eugen Richters im deutschen Liberalismus und in der deutschen Geschichte, in: Zeitschrift für Wirtschaftspolitik, Jg. 38, 1989, Heft 1, S. 117

47 Eugen Richter: Im alten Reichstag. Erinnerungen, 2 Bde., Berlin 1896, II S. 114

Sozialdemokratische Zukunftsbilder.

Frei nach Bebel.

Von Eugen Richter,

Mitglied des Reichstages.

Preis 50 Pfennig.

Berlin, November 1891.

Verlag „Fortschritt", Aktiengesellschaft.

1. DIE SIEGESFEIER

Die rote Fahne der internationalen Sozialdemokratie weht vom Königsschloss und allen öffentlichen Gebäuden Berlins. Wenn solches unser verewigter Bebel noch erlebt hätte! Hat er uns doch immer vorausgesagt, dass die „Katastrophe schon vor der Tür steht." Noch erinnere ich mich, als ob es gestern gewesen wäre, wie Bebel am 13. September 1891 in einer Versammlung zu Rixdorf in prophetischem Tone ausrief, dass „eines Tages der große Kladderadatsch schneller kommen würde, als man es sich träumen lasse." Friedrich Engels hatte kurz vorher das Jahr 1898 als dasjenige des Triumphs der Sozialdemokratie bezeichnet. Nun, ein wenig länger hat es doch noch gedauert.

Aber gleichviel, unsere langjährigen Mühen und Kämpfe für die gerechte Sache des arbeitenden Volkes sind nunmehr durch den Erfolg gekrönt worden. Die morsche Gesellschaftsordnung des Kapitalismus und des Ausbeutersystems ist zusammengebrochen. Meine Aufzeichnungen sollen, so gut ich es vermag, die Auferstehung des neuen Reiches der Brüderlichkeit und der allgemeinen Menschenliebe für meine Kinder und Kindeskinder beschreiben.

Auch ich habe meinen Anteil an der Wiedergeburt der Menschheit. Was ich während eines Menschenalters an Zeit und Geld als rechtschaffener Buchbindermeister erübrigen konnte und nicht für meine Familie bedurfte, habe ich der Förderung unserer Bestrebungen gewidmet. Der sozialdemokratischen Literatur und unseren Vereinen verdanke ich die Festigkeit in unseren Grundsätzen und die geistige Fortbildung. Frau und Kinder sind mit mir eines Sinnes. Das Buch unseres Bebels über die Frau ist längst das Evangelium meiner Paula gewesen.

Der Geburtstag der sozialdemokratischen Gesellschaft war unser silberner Hochzeitstag. Der heutige Siegestag hat zu neuem Familienglück den Grund gelegt. Mein Franz hat sich mit Agnes Müller verlobt. Die beiden kannten sich schon lange und lieben sich herzinnig. In der gehobenen Stimmung des heutigen Tages wurde der neue Bund geschlossen. Beide sind zwar noch etwas jung, aber tüchtige Arbeiter in ihrem Fach. Er ist Setzer, sie Putzmacherin; da wird es hoffentlich nicht fehlen. Sobald die neue

Ordnung in den Arbeits- und Wohnverhältnissen eingetreten ist, wollen sie heiraten.

Wir alle wanderten nach Tisch hinaus „Unter die Linden". War das dort ein Menschengewühl, ein Jubel ohne Ende. Kein Misston störte die Feier des großen Siegestages. Die Schutzmannschaft ist aufgelöst. Das Volk hält selbst die Ordnung in musterhafter Weise aufrecht.

Im Lustgarten, auf dem Schlossplatz, an der früheren Schlossfreiheit stand dichtgedrängt die Menschenmenge fest wie eine Mauer. Die neue Regierung war im Schloss versammelt. Die Genossen von der bisherigen Parteileitung der Sozialdemokraten haben provisorisch die Zügel der Regierung ergriffen. Unsere sozialdemokratischen Stadtverordneten bilden bis auf weiteres das Magistratskollegium der Stadt. Sobald sich einer der neuen Regenten am Fenster oder auf dem Balkon des Schlosses zeigte, brach der Jubel des Volkes immer aufs neue los: Hüteschwenken, Wehen mit den Tüchern, Gesang der Arbeitermarseillaise.

Abends prachtvolle Illumination. Die Statuen der alten Könige und Feldherren nahmen sich, mit roten Fahnen geschmückt, in der roten bengalischen Beleuchtung seltsam genug aus. Sie werden nicht mehr lange auf ihrem Platz bleiben, sondern den Statuen der verstorbenen Geistesheroen der Sozialdemokratie weichen müssen. Es soll schon beschlossen sein, vor der Universität an Stelle der Statuen der beiden Gebrüder v. Humboldt die Statuen von Marx und Ferdinand Lassalle aufzurichten. Das Denkmal Friedrichs des Großen Unter den Linden wird durch die Statue unseres verewigten Liebknecht ersetzt werden.

In trautem Familienkreise feierten wir noch zu Hause bis in die späte Nacht den für uns doppelt feierlichen Tag. Auch der Vater meiner Frau, unser Hausgenosse, welcher bisher von der Sozialdemokratie nicht viel wissen wollte, war sehr anteilvoll und aufgeräumt.

Bald hoffen wir, unsere bescheidene Wohnung, drei Treppen hoch, verlassen zu können, von mancher stillen Freude, auch von mancher Sorge, vielem Kummer und harter Arbeit sind die alten Räume im Laufe der Jahre Zeuge gewesen.

2. DIE NEUEN GESETZE

Sehr ergötzlich sind die Erzählungen, wie die Bourgeois zu Tausenden über die Grenze drängen, um auszuwandern. Wo können sie hin? Überall in Europa, ausgenommen die Schweiz und England, herrscht jetzt die Sozialdemokratie. Die Schiffe nach Amerika vermögen nicht alle Auswanderer aufzunehmen. In Amerika freilich ist die Revolution niedergeschlagen worden und auf lange Zeit hinaus keine Aussicht auf Wiedererhebung der Sozialdemokratie. Mögen die Ausbeuter immerhin von dannen ziehen! Von ihrem Eigentum haben sie glücklicherweise nicht viel mitnehmen können, dank der Plötzlichkeit, mit welcher der Umschwung erfolgt ist. Alle Staatspapiere, Pfandbriefe, Aktien, Schuldobligationen und Banknoten sind für null und nichtig erklärt worden. Die Herren Bourgeois können sich damit ihre Schiffskabinen tapezieren lassen. Auf alle Immobilien, Verkehrsmittel, Maschinen, Werkzeuge und Geräte wurde für den sozialdemokratischen Staat Beschlag gelegt.

Unser bisheriges leitendes Parteiorgan, der „Vorwärts", ist an die Stelle des „Reichsanzeigers" getreten. Das Blatt wird in jeder Wohnung unentgeltlich zugestellt. Da alle Druckereien Staatseigentum geworden sind, so haben die übrigen Zeitungen zu erscheinen aufgehört. Außerhalb Berlins erscheint der „Vorwärts" durch eine Lokalausgabe für den betreffenden Ort vervollständigt. Bis zum Zusammentritt eines neu zu wählenden Reichstags haben die bisherigen sozialdemokratischen Reichstagsabgeordneten als gesetzgebender Ausschuß die Gesetze zu beschließen, welche zur Durchführung der neuen Ordnung in großer Anzahl notwendig sind.

Das bisherige Parteiprogramm, wie es 1891 von dem Erfurter Parteitage beschlossen wurde, ist als provisorisches Grundrecht des Volkes proklamiert worden. Damit ist die Umwandlung aller Arbeitsmittel, von Grund und Boden, der Bergwerke, Gruben, Maschinen und Werkzeuge, Verkehrsmittel in Eigentum des Staates oder, wie man es jetzt nennt, der Gesellschaft gesetzlich proklamiert. Ein weiteres Gesetz dekretierte allgemeine Arbeitspflicht mit gleichem Recht für alle Personen, männlich oder weiblich, vom vollendeten 21. bis 65. Lebensjahre. Jüngere Personen werden auf Staatskosten erzogen, ältere auf Staatskosten verpflegt. Die Privatproduktion hat aufgehört. Indes soll bis zur Regulierung der neuen sozialistischen Produktion jeder an der bisherigen Stelle auf Staatsrechnung fortarbeiten. Über dasjenige, was dem Einzelnen nach obiger Beschlagnahme für den Staat noch als Privateigentum bis auf Weiteres verblieben ist, Hausgerät, gebrauchte Kleider, Münzen, Reichskassenscheine, ist von jedermann ein Inventar einzureichen. Goldmünzen sind abzuliefern. Neue Goldzertifikate sollen demnächst ausgegeben werden.

Die neue Regierung verfährt dank dem schneidigen Reichskanzler an ihrer Spitze ebenso energisch wie zielbewusst. Alles soll von vornherein unmöglich gemacht werden, wodurch die Kapitalsherrschaft sich wieder Eingang verschaffen könnte. Das Militär ist entlassen, Steuern werden nicht mehr erhoben, da die Regierung dasjenige, was sie für allgemeine Zwecke bedarf, aus dem Ertrag der sozialistischen Produktion vorwegnimmt. Ärzte und Rechtsanwälte werden vom Staat unterhalten und haben ihre Dienste dem Publikum unentgeltlich zu widmen. Die drei Tage der Revolution und der Siegesfeier sind für gesetzliche Feiertage erklärt worden.

Wir gehen einer neuen herrlichen Zeit entgegen.

3. UNZUFRIEDENE LEUTE

Agnes, unsere Schwiegertochter, ist untröstlich, und auch Franz überaus niedergeschlagen. Agnes fürchtet, um ihre Aussteuer zu kommen. Seit langer Zeit hat Agnes durch Arbeit für Putzgeschäfte für ihre Aussteuer zu sparen gesucht. Insbesondere seit ihrer Bekanntschaft mit Franz ist sie in stiller Hoffnungsfreudigkeit von morgens bis abends unausgesetzt tätig gewesen. Kaum zur Essenszeit gönnte sie sich Ruhe. Was ihre Freundinnen für eigenen Putz, für Ausflüge und Vergnügungen verausgabten, ersparte sie zur Vermehrung ihres Kapitälchens. So hatte sie denn bei der Verlobung schon Sparkassenbücher über 2000 Mark im Besitz. Mein Franz erzählte alles dies am Abend des Verlobungstages mit Stolz und Genugtuung. Die jungen Leute begannen schon zu überlegen, was sie aus dem Guthaben zuerst anschaffen wollten.

Nun soll alle Mühe und aller Fleiß vergeblich gewesen sein. Als Agnes, durch allerlei Gerüchte beunruhigt, ihre Einlage auf dem Sparkassenbüro in der Klosterstraße kündigen wollte, fand sie auf der Straße erregte Gruppen. Alte Männer, Frauen, frühere Dienstmädchen jammerten, dass sie um ihre Notgroschen gekommen seien. Der Beamte habe erklärt, dass durch das neue Gesetz mit anderen Wertpapieren und Schuldobligationen auch die Sparkassenbücher für null und nichtig erklärt worden seien.

Agnes fiel, wie sie erzählte, vor Schreck fast in Ohnmacht. Im Büro hat ihr der Beamte alsdann das Unglaubliche bestätigt. Auf dem Wege zu uns hörte sie, dass Deputationen von Sparkassengläubigern vor das Schloss zum Reichskanzler gezogen seien. Auch ich machte mich sogleich dahin auf, Franz ging mit.

Eine große Menschenmenge war auf dem Schlossplatz versammelt. Auch über die Lassallebrücke, früher Kaiser-Wilhelm-Brücke, strömten helle Haufen fortwährend nach dem Lustgarten zu. Die Sparkassenfrage erregte die Gemüter. Die Tore zu den Schlosshöfen waren überall fest verschlossen. Von den vorderen Trupps wurden vergebliche Versuche gemacht, gewaltsam einzudringen. Durch Schießscharten in einigen Torflügeln, welche ich früher nie bemerkt, starrten plötzlich Flintenläufe der Schlossbeamten entgegen.

Wer weiß, was noch alles sich ereignet hätte, wenn nicht der

Reichskanzler in diesem Augenblick auf dem Balkon des Mittelportals am Lustgarten erschienen wäre und Ruhe geboten hätte. Mit weithin schallender Stimme verkündigte er, die Sparkassenfrage solle sofort dem gesetzgebenden Ausschuss zur Entscheidung unterbreitet werden. Alle guten Patrioten und braven Sozialdemokraten sollten der Gerechtigkeit und Weisheit der Volksvertreter vertrauen. Ein stürmisches Hoch dankte unserm Reichskanzler.

In diesem Augenblick rückte von verschiedenen Seiten in rasendem Galopp die Feuerwehr an. In Ermangelung von Polizei hatte man aus dem Schloss, als die Menge gegen die Tore drängte, Großfeuer telegraphiert. Gelächter empfing die brave Feuerwehr. So zerteilte sich dann die Menge in heiterer hoffnungsfreudiger Stimmung. Möge man im Reichstage das Richtige treffen.

4. BERUFSWAHL

Große rote Plakate an den Anschlagsäulen, wie ehedem bei Aushebungen und Kontrollversammlungen des Militärs. Dichte Gruppen stehen davor. Nach Maßgabe des neuen Gesetzes fordert der Magistrat im Auftrage der Staatsregierung alle Personen, männlich oder weiblich, im Alter von 21-65 Jahren zur Berufswahl auf binnen 3 Tagen. Auf allen ehemaligen Polizeibüros und Standesämtern werden Erklärungen entgegengenommen. Frauen und Mädchen wird ausdrücklich in Erinnerung gebracht, dass sie am Tage des Arbeitsantritts in den Staatswerkstätten, welcher noch näher bekannt gemacht werden würde, in der eigenen Häuslichkeit befreit sind vom Kinderwarten, von Bereitung der Mahlzeiten, Krankenpflege und Wäsche. Alle Kinder werden in Kinderpflegeanstalten und Erziehungshäusern des Staates untergebracht. Die Hauptmahlzeit ist in den Staatsküchen des Bezirks einzunehmen. Alle Erkrankten sind an die öffentlichen Krankenanstalten abzuliefern, die Leib- und Bettwäsche wird zur Reinigung in großen Zentralanstalten abgeholt. Die Arbeitszeit ist in allen Berufsarten für alle Männer und Frauen in den Staatswerkstätten und bei den sonstigen öffentlichen Dienstleistungen die gleiche und beträgt bis zur anderweitigen Festsetzung 8 Stunden täglich.

Über die Befähigung zu der gewählten Arbeit sind Bescheinigungen beizubringen, die bisherige Berufsarbeit ist auf den Meldungen anzugeben. Meldungen zu dem Beruf als Geistlicher werden nicht angenommen, da laut Beschluss des Erfurter Parteitages vom Jahre 1891, welcher in das Staatsgrundgesetz übergegangen ist, alle Aufwendungen zu religiösen und kirchlichen Zwecken aus Staatsmitteln verboten sind. Denjenigen Personen, welche sich trotzdem dem geistlichen Beruf widmen wollen, bleibt es freigestellt, dies in ihren Mußestunden zu tun nach Erfüllung der normalen Arbeitszeit in einem staatsseitig anerkannten Berufe.

Das Leben auf den Straßen glich nach Bekanntwerden dieser Aufforderung demjenigen an den Musterungstagen in einer Kreisstadt. Die Personen gleicher Berufsart taten sich truppweise zusammen und durchzogen, mit Abzeichen des gewählten Berufs geschmückt, singend und jubelnd die Stadt. Frauen und Mädchen stehen umher und malen sich die Annehmlichkeiten des gewählten Berufs nach Befreiung von der Hausarbeit in lebhaften Farben aus. Man hört, dass sich viele Personen einen neuen Beruf gewählt haben. Manche scheinen zu glauben, dass die Wahl des Berufes schon gleichbedeutend sei mit der Einstellung in denselben.

Ich, mein Sohn Franz, meine Schwiegertochter Agnes, wir alle werden dem bisherigen Beruf, den wir lieb gewonnen, treu bleiben und haben dies auch erklärt. Meine Frau hat sich als Kinderpflegerin gemeldet. Sie will als solche ihrer vierjährigen Jüngsten, Annie, welche wir an die Kinderpflegeanstalt werden abliefern müssen, auch fernerhin ihre mütterliche Sorgfalt angedeihen lassen.

Nach dem Straßenkrawall vor dem Schloss hat das Ministerium beschlossen, eine Schutzmannschaft von 4000 Köpfen wieder einzurichten und dieselbe teilweise im Zeughause und der anschließenden Kaserne zu stationieren. Um frühere unliebsame Erinnerungen zu vermeiden, werden die neuen Schutzmänner keine blauen, sondern braune Uniformen und statt des Helms einen Schlapphut mit einer roten Feder tragen.

5. EINE REICHSTAGSSITZUNG

Mit großer Mühe erlangten Franz und ich heute Einlass zur Tribüne im Reichstagsgebäude am Bebelplatz, früher Königsplatz. Es sollte die Entscheidung über die Sparkassengelder getroffen werden. In Berlin gibt es, wie Franz wissen will, jetzt bei 2 Millionen Einwohnern nicht weniger als 500 000 Sparkassengläubiger. Kein Wunder, dass die ganze Umgebung des Reichstages, der Bebelplatz, die Sommerstraße, von der großen Menge von Personen, zumeist in ärmlicher Kleidung, bedeckt war, welche dem Ergebnis der Reichstagsverhandlungen mit Spannung entgegensah. Doch war schon bei unserer Ankunft die Schutzmannschaft mit der Räumung der Straßen beschäftigt. Da allgemeine Wahlen für den Reichstag noch nicht stattfinden können und die Mandate aller Mitglieder der Bourgeoisparteien für erloschen erklärt worden sind, so sahen wir nur unsere alten Genossen und erprobten Vorkämpfer unten im Sitzungssaale versammelt.

Der Chef des statistischen Reichsamtes leitete im Auftrage des Reichskanzlers die Verhandlungen ein durch einen statistischen Vortrag über die tatsächliche Bedeutung der vorliegenden Frage. Allein bei den öffentlichen Sparkassen Deutschlands waren 8 Millionen Guthaben vorhanden über Einlagen im Betrage von mehr als 5 Milliarden Mark (Hört! Hört! links.) Der jährliche Zinsbetrag überstieg 150 Millionen Mark. Die Einlagen in den Sparkassen waren angelegt mit ungefähr 2 800 Millionen Mark in Hypotheken, mit 1 700 Millionen Mark in Inhaberpapieren, mit 400 Millionen Mark bei öffentlichen Instituten und Korporationen und mit 100 Millionen Mark gegen Faustpfand. Die Inhaberpapiere sind überall durch Gesetz annulliert worden. (Sehr gut! links.) Die Hypothekenschulden sind mit dem Übergang alles Grundbesitzes auf den Staat erloschen. Ebenso sind die auf Faustpfand ausgeliehenen Gelder mit der unentgeltlichen Rückgabe der Pfänder in den öffentlichen Leihanstalten auch zum Nutzen des Volkes verwendet worden. (Beifall links.) Mittel zur Auszahlung der Sparkasseneinlagen sind somit in keiner Weise vorhanden. Eine Vergütung an die Einleger kann erfolgen in Form der Ausgabe von Bons, welche zu einer Entnahme aus den Warenvorräten des Staates berechtigen.

Nach diesem Vortrag ergriff ein Redner von der rechten Seite das Wort. Millionen braver Arbeiter und guter Sozialdemokraten (Unruhe links) werden sich bitter enttäuscht fühlen, wenn sie jetzt, wo dem Arbeiter der „volle Ertrag seiner Arbeit" zuteil werden soll, sich um die Früchte harter Arbeit durch Vorenthaltung ihrer Sparkassengelder gebracht sehen. Was hat die Ersparnisse ermöglicht? Angestrengter Fleiß, Sparsamkeit, Enthaltung von manchem Genuss, z. B. in Tabak und Spirituosen, den sich andere Arbeiter erlaubten. (Unruhe links.) Mancher hat geglaubt, sich durch die Hinterlegung in der Sparkasse einen Notgroschen für außerordentliche Unglücksfälle, eine Erleichterung für sein Alter verschaffen zu können. Die Gleichstellung mit denjenigen, welche nichts vor sich gebracht, wird als Unrecht von Millionen empfunden (Beifall rechts und stürmische Zurufe von den Tribünen). – Der Präsident droht die Tribünen räumen zu lassen. (Zurufe: Wir sind das Volk!)

Präsident: Dem Volk ist ein durch allgemeine Abstimmung geordnetes Verwerfungsrecht zu Gesetzen gegeben, aber kein Recht zur Teilnahme an der Diskussion im Reichstag. (Lebhafter allgemeiner Beifall). Die Ruhestörer werden hinausgeführt.

Ein Redner von der linken Seite des Reichstags erhält das Wort. Ein richtiger Sozialdemokrat ist niemals auf Spargroschen bedacht gewesen. (Widerspruch rechts.) Wer den Sparaposteln der Bourgeois gefolgt ist, hat auf keine Rücksichtnahme im sozialen Staat zu rechnen. Auch manches Sparkassengeld ist durch Beraubung des arbeitenden Volkes entstanden. (Widerspruch rechts.) Man soll nicht sagen, die Sozialdemokratie hängt zwar die großen Diebe, lässt aber Millionen kleiner Diebe laufen. Die Sparkassenkapitalien sind in ihren verschiedenen Anlagen mit schuldig gewesen an der Aufrechterhaltung des Ausbeutungssystems gegen das Volk (lebhafter Beifall links). Nur ein Bourgeois kann gegen die Einziehung der Sparkassengelder Widerspruch erheben.

Der Präsident ruft den Redner zur Ordnung wegen der schweren Beleidigung, welche die Bezeichnung als Bourgeois gegen ein Mitglied des sozialdemokratischen Reichstags in sich schließt.

Unter großer Spannung erhebt sich dann der Reichskanzler von seinem Sitz: Ich muss beiden verehrten Vorrednern bis zu einem gewissen Grade Recht geben. Es ist manches richtig von dem, was gesagt worden ist über die moralische Entstehung der Sparkassengelder und auch über die unmoralische Wirkung derselben unter der Geltung der Kapitalsherrschaft. Aber lassen wir durch rückwärts gerichtete Betrachtungen nicht unseren Blick abziehen von der großen Zeit, in der wir leben. (Sehr gut!) Wir müssen die Frage ohne Sentimentalität als zielbewusste Sozialdemokraten entscheiden. Fünf Milliarden wieder herauszugeben an einen Bruchteil der Bevölkerung von 8 Millionen Personen heißt die neue soziale Gleichheit aufbauen auf einer Ungleichheit (Beifall). Diese Ungleichheit würde sich alsbald in allen Konsumtionsverhältnissen fühlbar machen und die künftige planmäßige Organisation der Produktion und Konsumtion durchbrechen. Mit demselben Recht wie heute die Sparkassengläubiger, könnten dann morgen auch diejenigen ihr Kapital zurückverlangen, welche zufällig ihre Ersparnisse nicht in der Sparkasse, sondern in Werkzeugen, Vorräten ihres Berufs, in Arbeitsmitteln oder Grundbesitz angelegt haben. (Sehr richtig!) Wo bleibt denn zuletzt eine feste Grenze für die Reaktion gegen die bestehende sozialdemokratische Ordnung? Was immerhin die Sparer sich von Früchten des Fleißes und der Enthaltsamkeit versprochen haben mögen, zehnfach und hundertfach wird solches jetzt allen zuteil werden durch die großartigen Einrichtungen, welche wir zum Wohl der Arbeiter im Begriff stehen zu schaffen. Aber wenn Sie diese Milliarden uns jetzt entziehen und um diesen Betrag das Kapital schwächen, welches jetzt zum Wohl der Allgemeinheit arbeiten soll, so sind meine Kollegen im Ministerium und ich nicht länger in der Lage, die Verantwortung für die Durchführung einer zielbewussten Sozialdemokratie zu übernehmen. (Stürmischer Beifall).

Es war noch eine große Anzahl Redner zum Worte gemeldet. Der Präsident aber machte darauf aufmerksam, dass in Anbetracht der voraufgegangenen Kommissionssitzungen und der Zeit, welche jedem Abgeordneten für die Lektüre der Drucksachen zugebilligt ist, der achtstündige Maximalarbeitstag abgelaufen sei und eine Fortsetzung der Sitzung deshalb erst am anderen Tag stattfinden könne. (Rufe: Zur Abstimmung! Zur Abstimmung!) Ein Antrag auf Schluss der Diskussion wird eingebracht und angenommen. Bei der Abstimmung geht der Reichstag über die Petitionen auf Herausgabe der Sparkassengelder gegen wenige Stimmen zur einfachen Tagesordnung über. Die Sitzung ist geschlossen.

Unwillige Rufe wurden vielfach von den Tribünen laut und pflanzten sich auf die Straße fort. Doch hatte die Schutzmannschaft die ganze Umgebung des Reichstagsgebäudes geräumt. Eine Anzahl tumultuierender Personen wurden verhaftet, namentlich viele Frauen. In größerer Entfernung vom Reichstagsgebäude sollen einzelne Abgeordnete, welche gegen die Herausgabe der Sparkassengelder gestimmt haben, gröblich insultiert worden sein. Die Schutzmannschaft hat, wie erzählt wird, vielfach von ihren neuen Waffen, sogenannten Totschlägern, welche nach englischem Muster eingeführt worden sind, gegen das Publikum unbarmherzig Gebrauch gemacht. Zu Hause bei uns gab es sehr erregte Szenen, meine Schwiegertochter ließ sich gar nicht beruhigen, vergebens versuchte meine Frau sie zu trösten unter dem Hinweis auf die reiche Ausstattung, welche alle Brautpaare demnächst von der Regierung zu erwarten hätten. „Ich will nichts geschenkt haben", rief sie ein über das andere Mal heftig aus, „ich will den Ertrag meiner Arbeit. Eine solche Zucht ist ja schlimmer als Raub und Diebstahl."

Ich fürchte, das heutige Erlebnis ist nicht geeignet, meine Schwiegertochter in der Festigkeit ihrer sozialdemokratischen Grundsätze zu bestärken. Auch mein Schwiegervater hat ein Sparkassenbuch. Wir wagen es nicht, dem alten Manne zu sagen, dass dasselbe wertlos geworden ist. Er ist kein Geizhals. Aber noch dieser Tage erzählte er, dass er Zins und Zinseszins auflaufen lasse. Wir sollten bei seinem Tode seine Dankbarkeit erfahren für die Pflege, welche wir ihm bei uns haben angedeihen lassen. Man muss in der Tat so fest wie ich in den sozialdemokratischen Anschauungen geworden sein, um solche Verluste heiteren Mutes verschmerzen zu können.

6. ARBEITSANWEISUNG

Die Heirat zwischen Franz und Agnes ist plötzlich in weite Ferne gerückt. Heute verteilte die Schutzmannschaft die Gestellungsordres zur Arbeit aufgrund der stattgehabten Berufswahl und des von der Regierung für die Produktion und Konsumtion im Lande aufgestellten Organisationsplans.

Franz ist allerdings als Setzer beordert, aber nicht in Berlin, sondern in Leipzig, Berlin bedarf jetzt nicht mehr den zwanzigsten Teil an Zeitungssetzern wie früher. Beim „Vorwärts" werden nur ganz zuverlässige Sozialdemokraten eingestellt. Franz aber ist wegen Äußerungen auf dem Schlossplatz über die leidige Sparkassenangelegenheit irgendwo in Misskredit gebracht worden. Die Politik, so argwöhnte Franz, hat wohl auch sonst bei der Arbeitszuteilung mitgespielt. Die Partei der „Jungen" in Berlin ist vollständig auseinandergesprengt worden. Ein Genosse muss als Tapezierer nach Inowrazlaw, weil dort an Tapezierern Mangel sein soll und hier ein Überfluss besteht. Franz meinte unwillig, das alte Sozialistengesetz mit seinen Ausweisungen sei dergestalt in neuer Form wieder lebendig geworden. Man muss eben dem Bräutigam, der plötzlich auf unabsehbare Zeit von der Braut getrennt wird, manches zu Gute halten.

Ich suchte Franz damit zu trösten, dass im Nachbarhause sogar ein Ehepaar getrennt worden sei. Die Frau kommt als Krankenpflegerin nach Oppeln, der Mann als Buchhalter nach Magdeburg. Wie darf man denn Eheleute trennen, das ist ja die reine Niedertracht, so rief Paula. Meine gute Alte vergaß, dass die Ehe in unserer neuen Gesellschaft ein reines Privatverhältnis ist, wie doch schon Bebel in seinem Buch von der Frau dargetan hat. Die Ehe kann jederzeit ohne Dazwischentreten irgendeines Beamten geschlossen und wiederum gelöst werden. Die Regierung ist also gar nicht in der Lage, zu wissen, wer alles noch verheiratet ist. In dem Namensregister wird daher ganz folgerichtig jedermann nur mit seinem Geburtsnamen und zwar mit dem Familiennamen seiner Mutter aufgeführt. Das Zusammenwohnen der Eheleute kann sich bei einer planmäßigen Organisation der Produktion und Konsumtion nur nach den Arbeitsplätzen richten, nicht umgekehrt, denn die Organisation der Arbeit kann doch nicht auf jederzeit kündbare Privatverhältnisse Rücksicht nehmen. Indes auch im früheren Beamtenstaate, so meinte meine Frau, hat man doch oft aus persönlichen Gründen unliebsame Versetzungen höheren Orts wieder rückgängig gemacht.

Das ist richtig. Und so begab ich mich denn nach dem Rathaus. Ich erinnerte mich, dass ein alter Freund und Genosse, mit dem ich zusammen unter dem Sozialistengesetz in Plötzensee bekannt wurde, in der Gewerbedeputation des Magistrats jetzt eine einflussreiche Stellung innehatte. Ich fand aber sein Büro im Rathause von Hunderten von Personen belagert, die mit ähnlichen Wünschen gekommen sein mochten. Auf dem Gang traf ich indes einen anderen Genossen, der in derselben Gewerbe-Deputation arbeitet und dem ich erzählte, was ich auf dem Herzen hatte. Er riet mir, später einmal, wenn über Franzens Beteiligung am Sparkassenkrawall Gras gewachsen, wegen seiner Rückversetzung nach Berlin vorstellig zu werden.

Ich klagte ihm dabei, dass ich selbst zwar als Buchbinder angenommen, aber nicht in meiner früheren Stellung als Meister, sondern als Gehilfe. – Das ginge nicht anders, meinte er. In Folge der Erweiterung des Großbetriebes in den Gewerben sei der Bedarf an Meistern ein sehr viel geringerer als früher. Er erzählte mir aber, dass infolge eines Rechenfehlers eine Nachtragsforderung von 500 Kontrolleuren kommen werde; er riet mir, um eine solche Stelle einzukommen. Dem Rat werde ich folgen.

Meine Frau ist als Krankenpflegerin angenommen, aber nicht dort, wo unser Jüngstes verpflegt werden soll. Man sagt, dass grundsätzlich zur Vermeidung von Bevorzugungen der eigenen Kinder und zur Fernhaltung der Eifersucht der anderen Mütter Frauen als Krankenpflegerinnen nur dort eingestellt werden, wo sich die eigenen Kinder nicht befinden. Das ist gewiss gerecht, aber Paula wird es sehr hart finden. Frauen sind nun einmal sehr geneigt, die Staatsräson ihren Privatwünschen unterzuordnen.

Meine Schwiegertochter ist nicht als Putzmacherin, sondern als Weißnäherin beordert. An Putzwaren hat die Gesellschaft viel weniger Bedarf. Der neue Produktionsplan, hörte ich, rechne nur mit dem Massenversuch. Infolgedessen ist besondere Handfertigkeit, Geschmack, überhaupt alles, was sich mehr dem Kunstgewerbe nähert, nur in ganz beschränktem Umfange erforderlich. Agnes meinte, es sei ihr gleichgültig, was aus ihr werde, wenn sie doch nicht mit Franz vereinigt werde. – Kinder, entgegnete ich, bedenkt, dass selbst eine Gottheit es nicht allen recht machen könnte. – Dann sollte man, fiel auch Franz ein, doch jeden für sich selber sorgen lassen. So schlimm hätte es uns unter der früheren Gesellschaft nicht ergehen können.

Ich las ihnen zur Beruhigung den „Vorwärts" vor, in welchem die Regierung zur Klarstellung eine Übersicht über die Berufsanmeldungen und die Arbeitsanweisungen gegeben hat. Als Jäger haben sich in Berlin mehr Personen gemeldet, als es auf zehn Meilen im Umkreise von Berlin Hasen gibt. Nach Maßgabe der Meldungen könnte die Regierung auch neben jede Tür einen Portier, neben jeden Baum einen Förster, für jedes Pferd einen Bereiter stellen. Kindermädchen sind weit mehr gemeldet als Küchenmädchen, Kutscher weit mehr als Stallknechte. Von Kellnerinnen und Sängerinnen liegen Meldungen in Hülle und Fülle vor, desto weniger von Krankenpflegerinnen. Verkäufer und Verkäuferinnen sind zahlreich gemeldet. An Aufsehern, Kontrolleuren, Inspektoren, kurzum an Verwaltungsbeamten ist Überfluss sondergleichen, auch an Akrobaten fehlt es nicht. Aber für die harte, schwere Arbeit der Pflasterer, der Heizer, überhaupt aller Feuerarbeiter sind die Meldungen spärlich. Noch weniger Liebhaber haben sich für die Kanalarbeiten gefunden.

Was sollte aber die Regierung tun, um ihren Organisationsplan für Produktion und Konsumtion mit den Meldungen in Übereinstimmung zu bringen? Sollte sie etwa auf einen Ausgleich hinwirken durch die Gewährung eines geringeren Lohnes für die Berufsarten, zu denen Andrang besteht, und eines höheren Lohnes für die nicht gesuchten Arbeiten? Das würde doch den Grundlehren der Sozialdemokratie widersprechen. Jede Arbeit, die der Gesellschaft nützlich ist, ist, wie Bebel immer gesagt hat, der Gesellschaft auch gleich wert. Größere Anteile am Ertrage der Arbeit würden einen sehr ungleichen Lebensgenuss begünstigen oder bei den höher Gelohnten Ersparnisse ermöglichen, welche auf Umwegen wieder eine Kapitalistenklasse züchten, und damit das ganze sozialistische Produktionssystem zerstören würden. Oder sollte man etwa durch verschiedene Bemessung der Arbeitszeit einen Ausgleich herbeiführen? Dann würde der naturgemäße Zusammenhang der verschiedenen Hantierungen untereinander bei der Arbeit zerstört. Das Spiel von Angebot und Nachfrage, welches unter der früheren Kapitalsherrschaft sein Wesen getrieben, soll und darf in der neuen Ordnung nicht aufkommen.

Die Regierung behält sich vor, die unangenehme Arbeit den Sträflingen zuzuteilen, und beabsichtigt, wie dies schon Bebel empfohlen hat, einen häufigen Wechsel in den Beschäftigungen eintreten zu lassen. Vielleicht könnte derselbe Arbeiter künftig an demselben Tage zu verschiedenen Stunden verschieden beschäftigt werden.

Für jetzt konnte der Ausgleich nur durch das Los herbeigeführt werden. Unter Zusammenlegung verwandter Berufsarten ist daher aus der Gesamtzahl der Bewerber eine dem Bedarf des einzelnen Berufszweiges nach dem Organisationsplan der Regierung entsprechende Anzahl ausgelost worden. Aus denjenigen, welche hierbei Nieten zogen, hat man wiederum durch das Los diejenigen bestimmt, welche sich Arbeiten zu widmen haben, für die eine nicht genügende Zahl von Bewerbungen eingegangen war. Dabei soll mancher ein ihm wenig zusagendes Los gezogen haben.

Franz äußerte, Pferde- und Hundelotterien habe es ja immer gegeben, aber hier würden zum ersten Male auch Menschen verlost. Schon am Anfang sei man derart am Ende der Weisheit, dass man zum Los greifen müsse.

Du siehst ja, entgegnete ich, dass künftig alles neu geordnet werden soll. Jetzt leiden wir noch unter den Nachwirkungen des Ausbeutersystems und der Kapitalsherrschaft. Ist dagegen erst das sozialdemokratische Bewusstsein voll und ganz überall zum Durchbruch gelangt, so werden sich gerade für die schweren, gefährlichen und unangenehmen Arbeiten Freiwillige in großer Zahl melden, weil sie von dem Bewusstsein getragen sein werden, dass sie durch solche Arbeit nicht mehr, wie früher, schnöder Erwerbssucht von Ausbeutern dienen, sondern sich um das Wohl des Ganzen hochverdient machen.

Die Kinder aber schienen davon nicht recht überzeugt.

7. NACHRICHTEN VOM LANDE

Alle 20jährigen jungen Leute haben sich binnen drei Tagen beim Militär zu stellen. Agnes' Bruder ist auch darunter. Die „Volkswehr" soll aufs Schleunigste organisiert und bewaffnet werden. Das Kriegsministerium, dessen weite Baulichkeiten in der Leipzigerstraße und Wilhelmstraße wegen des schönen Gartens zu einer großen Kindererziehungsanstalt umgewandelt werden sollten – meine Frau sollte in dieser Anstalt tätig sein – muss seiner früheren Bestimmung erhalten bleiben.

Die inneren Verhältnisse machen die Aufstellung der Volkswehr früher und umfangreicher, als beabsichtigt war, notwendig. Die neuen Landräte in den Provinzen verlangen dringend nach militärischer Unterstützung zur Durchführung der neuen Gesetze auf dem Lande und in den kleinen Städten. Deshalb wird am Orte jedes Landwehrbezirkskommandos ein Bataillon Infanterie, eine Eskadron und eine Batterie aufgestellt. Indes werden der größeren Sicherheit halber diese Truppenteile nicht aus Mannschaften desselben Ergänzungsbezirks gebildet.

Die Bauern müssen zur Räson gebracht werden. Sie widersetzen sich der Verstaatlichung oder, wie es jetzt amtlich heißt, der Vergesellschaftung ihres Privateigentums an Grund und Boden, Haus und Hof, Vieh und sonstigem Inventar. Solch ein Bauer will durchaus auf seinem Eigenen sitzen bleiben, auch wenn er sich dabei von früh bis spät schinden und plagen muss. Man könnte die Leute ja ruhig sitzen lassen, wenn dadurch nicht die ganze planmäßige Organisation der Produktion für das Reich unmöglich würde. Darum müssen die Unverständigen jetzt zu ihrem eigenen Besten gezwungen werden. Wenn aber die ganze Organisation erst durchgeführt ist, dann werden auch die Bauern einsehen, welches angenehme Wohlleben ihnen die Sozialdemokratie bei kurzer Arbeitszeit verschafft hat.

Die Knechte und Tagelöhner auf dem Lande waren zuerst, als die großen Güter, auf denen sie bisher Arbeit fanden, für Nationaleigentum erklärt wurden, sehr bei der Sache. Nun ist aber plötzlich eine sonderbare Veränderungslust in diese Leute gefahren. Sie drängen allesamt nach den großen Städten, womöglich nach Berlin. Hier in der Friedrichstraße und Unter den Linden gewahrte man in den letzten Wochen die wunderbarsten, sonst hier nie gesehenen Gestalten aus den entlegensten Bezirken Deutschlands. Zum Teil sind sie mit Frau und Kind angerückt gekommen, hatten wenig Mittel, verlangten aber Speise und Trank, Kleider und Schuhwerk vom Besten und Teuersten. Sie hätten gehört, dass hier alles in eitel Wohlleben schwelge, wenn es nur wahr wäre!

Natürlich müssen jetzt diese Hinterwäldler per Schub in die Heimat zurückgebracht werden, was allerdings viel Erbitterung hervorruft. Das fehlte auch noch, dass sich die Regierung ihre großartige Organisation der Produktion und Konsumtion durch ein beliebiges Hin- und Herwandern der Leute aus der Provinz kreuzen ließe. Bald würden sie wie die Heuschrecken über die hier aufgespeicherten Vorräte herfallen und zu Hause die notwendige Arbeit im Stich lassen, bald wieder, wenn es ihnen anders passte, ausbleiben und die in Erwartung ihres Besuchs angeschafften Vorräte verderben lassen.

Es wäre freilich richtiger gewesen, wenn die erst jetzt erlassenen Bestimmungen schon früher gekommen wären, wonach niemand seinen Wohnort zu vorübergehender Abwesenheit ohne Urlaubskarte und zu dauernder Entfernung ohne Anweisung der Obrigkeit verlassen darf. Natürlich soll Berlin auch künftig Besuch und Zuzug erhalten, doch nicht willkürlich und planlos, sondern, wie dies alles der „Vorwärts" einfach und klar darlegt, nach Maßgabe der sorgfältig aufgestellten Berechnungen und Pläne der Regierung. Der sozialdemokratische Staat oder, wie es jetzt heißt, die Gesellschaft, nimmt die allgemeine Arbeitspflicht ernst und duldet deshalb keinerlei Vagabondage, auch keine Eisenbahnvagabondage.

Der „Vorwärts" bringt auch heute einen sehr scharfen Artikel gegen die sogenannten Dezentralisten, d. h. eine kompromisssüchtige Richtung, zu der sich auch viele Berliner Weißbierphilister rechnen. Das sind Leute, die nicht begreifen können, dass die Berliner Stadtverordneten jetzt nicht mehr zu parlamenteln, sondern nur Ordre zu parieren haben. Den Stadtverordneten liegt es lediglich ob, für Berlin im Einzelnen auszuführen, was die Regierung für das ganze Land bestimmt. Berlin hat für seine im Reichshaltsetat festgesetzte Bevölkerungszahl so viel auszugeben, wie für jedes

Jahr in diesem Etat für neue Häuser oder öffentliche Anlagen und kommunale Einrichtungen ausgeworfen werden wird, nicht mehr und nicht weniger.

Gestern hat der Reichskanzler wieder einmal, wie der „Vorwärts" mit Recht rühmt, in seiner zielbewussten Weise im Reichstag gesprochen, und einen einstimmigen Beschluss erzielt. Es handelte sich darum, ob ein Versuch gemacht werden soll, das platte Land dadurch zu beruhigen, dass das ländliche Privateigentum nicht zugunsten der Gesamtheit in Deutschland, sondern zugunsten sogenannter lokaler Produktivgenossenschaften aufgehoben wird, zu welchen die Einwohner jedes Ortes verbunden werden sollen.

„Solche aus Lassalles Zeit herrührenden und bereits 1891 vom Erfurter Parteitag abgetanen Irrtümer sollten doch nicht wieder aufleben. Aus einer solchen Organisation verschiedener Produktionsgenossenschaften würde ja eine selbständige Konkurrenz der einzelnen Orte untereinander mit Notwendigkeit folgen. Der Unterschied der Güte des Bodens in den verschiedenen Landstrichen und Ortschaften würde wieder Unterschiede von Reich und Arm mit sich bringen und damit dem Privatkapitalismus eine Hintertür öffnen. Eine planmäßige Organisation der Produktion und Konsumtion aber sowie eine sachgemäße Verteilung der Arbeitskräfte über das ganze Land duldet keinerlei Individualismus, keinerlei freie Konkurrenz, weder eine persönliche noch eine örtliche Selbständigkeit. Die Sozialdemokratie verträgt eben keine Halbheiten; man will sie entweder ganz oder man will sie nicht. Wir aber wollen sie voll oder ganz zur Wahrheit machen." (Lebhafter Beifall.)

8. DER LETZTE FAMILIENTAG

Mit meinen beiden Frauensleuten, Frau und Schwiegertochter, habe ich heute einen schweren Stand gehabt. Es war Mutters Geburtstag, ein seit 25 Jahren mir lieber Gedenktag; aber eine frohe Stimmung kam heute nicht zur Geltung. Morgen reist Franz nach Leipzig, morgen müssen wir auch die beiden anderen Kinder abgeben. Großvater zieht in die Altersversorgungsanstalt.

Von alledem war mehr die Rede als vom Geburtstag. Großvater stimmte meine Frau schon vom frühen Morgen an weichmütig. Die Sozialdemokratie, so klagte er, ist unser aller Unglück; das habe ich immer kommen sehen. Ich schilderte ihm das gute, bequeme Leben, das ihn in der Anstalt erwarte.

Was nützt mir dies alles, rief er aus. Ich soll dort mit fremden Leuten wohnen, essen und schlafen. Meine Tochter ist nicht um mich und sorgt nicht mehr für mich. Ich kann nicht rauchen, wo und wie ich will. Mit Annie kann ich nicht mehr spielen, und Ernst erzählt mir nichts mehr aus der Schule. Auch aus deiner Werkstatt erfahre ich nichts. Wenn ich wieder einmal krank werde, dann bin ich ganz verlassen. Einen alten Baum soll man nicht versetzen; mit mir wird es nun bald zu Ende sein.

Wir trösteten ihn mit häufigen Besuchen. Ach, meinte er, mit solchen Besuchen ist es nur eine halbe Sache. Dabei ist man nicht recht unter sich und wird von anderen gestört.

Wir ließen die kleine Annie, Großvaters Liebling, versuchen, ihn in ihrer schmeichlerischen Weise zu trösten. Das Kind war am muntersten von allen. Es hatte ihm jemand erzählt von vielem Kuchen, hübschen Puppen, kleinen Hunden, Bilderbüchern und allerlei schönen Sachen im Kinderheim. Davon plauderte sie in ihrer Art immer wieder aufs Neue.

Franz zeigte eine ruhige Gelassenheit; er gefiel mir aber doch nicht. Es kommt mir vor, als ob er irgend etwas besonderes plant, was er nicht verraten will. Hoffentlich verträgt es sich mit unseren sozialdemokratischen Grundsätzen. Mein anderer Junge, der Ernst, lässt es sich nicht so merken, wie er denkt und fühlt. Gegen seine Mutter war er überaus zärtlich, was sonst nicht gerade seine Sache ist. Er sollte jetzt in die Lehre kommen und hatte sich darauf gefreut. Der Junge hat eine geschickte Hand, aber mit dem Studieren will es nicht recht bei ihm vorwärts. Nun sollen aber alle Kinder in diesem Alter gleichmäßig noch ein paar Jahre studieren und dann erst eine Fachausbildung erlangen.

Mutter bereitet uns immer zu ihrem Geburtstag einen schönen saftigen Kalbsbraten mit Backpflaumen, unseren historischen Kalbsbraten, wie ihn Franz immer scherzhaft nannte. Wenn ihr auch, so meinte meine Frau wehmütig, als der Braten auf dem Tisch erschien, nächstens zu Besuch kommt, einen Kalbsbraten kann ich euch doch nicht vorsetzen, denn die Küche haben wir dann nicht mehr. Alle Achtung vor diesem Kalbsbraten, so schaltete ich ein, aber darum können wir doch unsere Ideale nicht preisgeben. Wir werden auch künftig Kalbsbraten essen und sogar öfter und noch manches andere Leckere dazu. Aber, so meinte sie, der eine bekommt dann hier, der andere dort zu essen. Was dem Herzen bei der Trennung verlorengeht, kann das große Wohlleben nicht ersetzen. Es ist mir auch nicht um den Kalbsbraten, sondern um das Familienleben.

Also nicht um die Wurst, sondern um die Liebe, so scherzte ich. Tröste dich, Alte, wir werden uns künftig auch recht lieb haben und noch mehr freie Zeit als bisher, es uns sagen zu können.

Ach, sagte meine Frau, ich wollte mich lieber wieder 10 und 12 Stunden hier im Hause für euch plagen, als dort 8 Stunden für fremde Kinder, die mich nichts angehen.

Warum muss das alles sein, fragte sie dann scharf, und die Schwiegertochter, die immer meiner Frau beistimmt, wenn sie auf solche Kapitel kommt, wiederholte die Frage noch schärfer. Wenn die beiden zusammen ein Duett reden, so ist für mich kein Aufkommen mehr, zumal wenn Franz sich so neutral verhält oder gar seiner Braut dabei zunickt.

Habt ihr denn nicht mehr in Erinnerung die schönen Vorträge von Fräulein W. über die Emanzipation des Weibes, ihre Gleichberechtigung in der Gesellschaft mit dem Mann? Damals haben euch doch diese Reden ebenso begeistert wie Bebels Buch!

Ach, Fräulein W. ist eine alte Jungfer, die immer nur Chambre garnie oder in Schlafstellen gewohnt hat, erhielt ich darauf zur Antwort.

Darum aber kann sie doch recht haben, erwiderte ich. Gleiches

Arbeitsrecht und gleiche Arbeitspflicht ohne Unterschied des Geschlechts ist die Grundlage der sozialisierten Gesellschaft. Unabhängigkeit der Frau vom Manne durch gleichen und selbständigen Erwerb der Frau außer dem Hause, keine Haussklaven mehr, weder Sklavendienste der Frau noch der Dienstboten. Darum äußerste Beschränkung der Häuslichkeit durch Übertragung häuslicher Arbeit auf große Anstalten der Gesellschaft. Keine Kinder und keine älteren Personen mehr in der Häuslichkeit, damit nicht die ungleiche Zahl solcher Pfleglinge in der Familie die Unterschiede von Arm und Reich aufs Neue hervorbringt. So hat es uns Bebel gelehrt.

Das mag ja alles recht mathematisch ausgedacht sein, meinte Großvater, aber glücklich, August, macht das nicht. Denn warum? Die Menschheit ist keine Hammelherde.

Großvater hat Recht, rief Agnes, und damit fiel sie Franz um den Hals mit der Versicherung, sie wolle garnicht von ihm emanzipiert werden.

Da war es denn freilich mit einer vernünftigen Auseinandersetzung zu Ende. – Ich wollte doch, der morgige Trennungstag wäre schon überstanden.

9. DER GROSSE UMZUG

Statt der Droschke, welche heute die Kinder und Großvater abholen sollte, hielt am Morgen ein Möbelwagen vor der Tür. Mit der Übersiedelung hätte es noch bis zum Abend Zeit, so sagte der Schutzmann. Zuvor aber sei er beordert worden, Möbel aufladen zu lassen.

Was soll denn das heißen, rief meine Frau erschrocken, ich denke, das Hausgerät bleibt Privateigentum. Gewiss, gute Frau, sagte der Schutzmann, alles Hausgerät sollen wir auch nicht abholen, sondern nur die hier im Inventar bezeichneten Stücke nimmt die Gesellschaft in Anspruch. Dabei holte er ein Inventar hervor, welches wir früher hatten einliefern müssen, und zeigte uns auch eine Bekanntmachung im „Vorwärts", welche wir allerdings unter den Aufregungen der letzten Tage übersehen hatten.

Als meine Frau sich gleichwohl von ihrem Erstaunen über das Abholen von Möbeln nicht erholen konnte, meinte der Beamte, welcher sich übrigens recht höflich benahm: Aber, liebe Frau, wo sollen wir denn sonst die Möbel hernehmen, um alle die neuen Anstalten für Kindererziehung, Altersversorgung, Krankenpflege u. s. w. auszustatten?

Ja, warum gehen Sie denn nicht zu den reichen Leuten, welche ganze Häuser mit den schönsten Möbeln bis zum Dach vollgepfropft haben, und leeren dort aus?

Tun wir auch, Frauchen, schmunzelte der Beamte, in der Tiergartenstraße, Viktoriastraße, Regentenstraße und überall dort herum hält ein Möbelwagen hinter dem andern. Der Verkehr ist für anderes Fuhrwerk bis auf weiteres völlig gesperrt. Kein Part behält mehr als zwei Betten und an sonstigem Gerät auch nicht mehr, als in zwei oder drei große Stuben hineingeht. Aber das reicht alles noch nicht. Bedenken Sie doch, der Magistrat hat in Berlin bei 2 Millionen Einwohnern über 900 000 Personen, welche sich im Alter unter 21 Jahren befinden, in Kinderpflege- und Erziehungsanstalten unterzubringen, dazu 100 000 alte Leute über 65 Jahre in Versorgungsanstalten. Dazu kommt dann noch eine Verzehnfachung der Bettenzahl in den Krankenhäusern für die Krankenpflege. Woher dazu alles nehmen und nicht stehlen? Was wollen Sie denn auch mit den Betten und allen diesen Spinden und Tischen anfangen, wenn der alte Papa, der Junge dort und die Kleine nicht mehr zu Hause sind?

Ja, meinte meine Frau, wohin sollen unsere Lieben denn, wenn sie zu uns zu Besuch kommen? Nun, sechs Stühle bleiben Ihnen ja wohl. – Aber zum Logierbesuch? fragte meine Frau.

Das wird sich wohl schwer machen lassen, meinte der Beamte, wegen des Platzes in der künftigen Wohnung.

Es stellte sich heraus, dass meine Frau in ihrer lebhaften Einbildung sich vorgestellt hatte, es würde bei der großen Wohnungsverteilung auf uns eine hübsche, wenn auch kleine Villa irgendwo in Berlin W. kommen, in der wir dann ein oder zwei Zimmer für Logierbesuch einrichten könnten. Zu solcher Einbildung hatte meine Paula allerdings keine Veranlassung, denn Bebel hat es immer gesagt und geschrieben: Die Häuslichkeit soll auf das allernotwendigste beschränkt werden.

Paula suchte sich dann zu beruhigen in dem Gedanken, der Vater und die Kinder würden durch Übersiedlung der Möbel in ihren eigenen Betten schlafen können. Den bequemen Lehnsessel für ihren Vater hatte sie demselben ohnehin in die Versorgungsanstalt mitgeben lassen.

Nein, so ist es nicht gemeint, bemerkte der Beamte. Alles wird zusammengebracht, sortiert und dann passend verwendet, wie es sich gerade macht. Es würde doch eine kunterbunte Möblierung in den Anstalten herauskommen, wenn jeder dort für sich apart sein eigenes Gerümpel aufstellen wollte.

Darauf gab es dann wieder neues Lamento. Den Sorgenstuhl hatte Großvater zu seinem letzten Geburtstag von uns geschenkt erhalten. Er war noch wie neu, und der Alte fühlte sich darin so mollig. In dem Kinderbett von Annie hatten der Reihe nach unsere Kinder geschlafen. Es war je nach dem Bedarf auf den Boden gewandert und wieder heruntergeholt worden. Das große Spind, welches wir nachher Vater überließen, gehörte zu den ersten Stücken, die wir uns nach der Hochzeit auf Abzahlung kauften. Wir haben es uns sauer werden lassen müssen, um damals unseren Hausrat soweit zu vervollständigen. Der Spiegel war ein Erbstück von meinem Vater. Er pflegte sich vor demselben zu rasieren. Die Ecke dort unten hatte ich als Knabe abgestoßen, was mir derbe

Prügel eintrug. So klebt an jedem Hausgerät ein Stück Lebensgeschichte von uns. Das sollte nun alles wie Trödelware auf Nimmerwiedersehen verschwinden.

Aber es half nun einmal nichts. Die Möbel wurden aufgeladen. Am Abend wurden dann auch richtig die Kinder und Großvater von einem anderen Schutzmann abgeholt. Begleiten durften wir sie nicht. Das Jammern muss doch endlich einmal ein Ende nehmen, sagte der Wachtmeister barsch. Er hatte so unrecht nicht. Diese alte Gefühlsduselei passt nicht zu dem Geisteswehen der neuen Zeit. Jetzt, wo das Brüderreich der ganzen Menschheit beginnt und Millionen einander umschlungen halten, gilt es den Blick herauszuheben über die engen kleinbürgerlichen Verhältnisse einer vergangenen überwundenen Zeit.

Das sagte ich auch meiner Frau, als wir allein waren. Wenn es nur nicht so öde und still wäre in den halb ausgeleerten Räumen! Wir sind so allein wie jetzt seit dem ersten Jahr unserer Ehe nicht mehr gewesen.

Wie mögen die Kinder und Großvater heute Abend gebettet sein, unterbricht mich meine Frau soeben, ob sie wohl schlafen können? Annie schlief freilich schon beinahe, als der Schutzmann sie holte. Ob ihre Kleider wohl richtig abgeliefert sind und man ihr das lange Nachtröckchen angezogen hat, damit sie sich nicht erkältet? Sie strampelt sich doch immer im Schlaf die Decke fort. Ich hatte das Nachtröckchen oben auf die Kleider gelegt mit einem Zettel für die Wärterin.

Meine Frau und ich werden heute Nacht schwerlich ein Auge zutun. – Man muss sich eben an alles erst gewöhnen.

10. DAS NEUE GELD

Die Photographen haben viel Arbeit bekommen. Alle Deutschen im Alter vom 21. bis 65. Lebensjahr, also alle diejenigen, welche nicht in Staatsanstalten unterhalten werden, sind angewiesen worden, sich photographieren zu lassen. Es ist dies notwendig, um die neuen Geldzertifikate, welche an Stelle der bisherigen Münzen und Kassenscheine treten sollen, einzuführen.

In ebenso scharfsinniger wie kluger Weise, so führt der „Vorwärts" aus, hat unser Reichsschatzsekretär das Problem gelöst, ein Tauschmittel herzustellen, welches die legitimen Zwecke eines solchen erfüllt und doch das Wiederaufkommen einer Kapitalistenklasse völlig ausschließt. Das neue Geld hat nicht wie Gold oder Silber an sich einen Wert, sondern besteht nur in Anweisungen auf den Staat als den nunmehrigen alleinigen Besitzer aller Verkaufsgegenstände.

Jeder Arbeiter im Dienst des Staates erhält von 14 zu 14 Tagen ein Zertifikat ausgestellt, welches auf den Namen lautet und zur Verhinderung eines Gebrauchs durch andere Personen gleich den früheren Abonnementbillets bei der Berliner Stadtbahn mit der Photographie des Inhabers auf dem Deckel versehen sein muss. Zwar die für alle gleichmäßig vorgeschriebene Arbeitszeit verhindert bei gleichem Lohn, dass soziale Ungleichheit aufkommt infolge der verschiedenen Befähigung und des verschiedenen Grades, wie von diesen Fähigkeiten Gebrauch gemacht wird. Es gilt aber noch, ebenso wie bei der Produktion auch die Möglichkeit auszuschließen, dass sich durch Verschiedenheit der Konsumtion Werte in den Händen einzelner sparsüchtiger oder bedürfnisloser Personen ansammeln können. Auch hierdurch hätte ja eine Kapitalistenklasse Eingang finden können, welche imstande gewesen wäre, weniger sparsame und deshalb ihren Lohn konsumierende Arbeiter allmählich in Abhängigkeit von sich zu bringen.

Damit das Zertifikat im ganzen und in seinen einzelnen Coupons nicht Dritten überlassen werden kann, sind die einzelnen Coupons bei dem Gebrauch nicht von dem Inhaber, sondern in Gegenwart desselben von dem den Coupon in Zahlung nehmenden Verkäufer oder sonstigen Beamten des Staats loszutrennen. Die Coupons, welche von 14 zu 14 Tagen in dem auf dem Deckel mit einer Photographie des betreffenden Inhabers versehenen Büchlein von dem zuständigen Staatsbuchhalter neu eingeheftet werden, sind verschiedenartig eingerichtet. Ein Wohnungscoupon oder eine Wohnungsmarke ist durch den Portier desjenigen Hauses, in welchem die Wohnung angewiesen ist, regelmäßig loszutrennen. – Eine Essmarke ist bei Entnahme des Mittagsmahls in den Staatsküchen vom Buchhalter daselbst loszutrennen, eine Brotmarke beim Empfang der Brotportion (700 Gr. pro Kopf und Tag). Die Geldmarken, welche sich außerdem noch in dem Zertifikat befinden, haben einen verschiedenen Nennwert und können vom Inhaber, je nach seinem persönlichen Belieben, verwandt werden zur Anschaffung von Früh- und Abendmahlzeiten, von Tabak und geistigen Getränken, für Reinigung der Wäsche und Ankauf von Kleidungsgegenständen, kurzum für alles, was sonst sein Herz an Waren begehrt. Alles wird ja in den Staatsmagazinen und Verkaufsstellen zu haben sein. Der Verkäufer hat stets nur die dem festgesetzten Preis entsprechenden Coupons loszutrennen.

Da jeder Coupon die Nummer des Zertifikats trägt und der Inhaber desselben in der Liste vermerkt ist, so lässt sich aus den angesammelten Coupons entnehmen, in welcher Weise jeder seinen Lohn konsumiert hat. Die Regierung ist also in den Stand gesetzt, jedem nicht bloß auf die Haut, sondern bis in den Magen hineinzusehen, was die Organisation der Produktion und Konsumtion in hohem Maße erleichtern muss.

Die für den Coupon gekauften Waren kann der Käufer selbst gebrauchen oder anderen überlassen. Der Inhaber kann sogar diese Ware durch schriftliche Aufzeichnung für den Todesfall beliebig vererben. In einer die Gegner und Verleumder der Sozialdemokratie wahrhaft beschämenden Weise ist somit, wie der „Vorwärts" treffend bemerkt, durch diese Einrichtung dargetan, dass die Sozialdemokratie keineswegs jedes Privateigentum und jedes Erbrecht beseitigen will, sondern das individualistische Belieben nur soweit einschränkt, wie es die Fernhaltung eines neuen Privatkapitalismus und eines Ausbeutertums bedingt.

Wer innerhalb 14 Tagen, also bis zur Ausfertigung eines neuen Zertifikats, seine Coupons nicht vollständig verbraucht hat, erhält auf dem nächsten Zertifikat den unverbrauchten Rest gutgeschrieben. Aber freilich muss auch hier Vorkehrung getroffen werden, dass sich nicht solche Restbeträge bis zu wirklichen Kapitalien anhäufen können. Ein Betrag von sechzig Mark gilt mehr als ausreichend, um es dem einzelnen zu ermöglichen, sich auch größere Kleidungsstücke aus den Ersparnissen der Zertifikate anzuschaffen. Was über diesen Ertrag hinaus erspart wird, verfällt daher der Staatskasse.

11. DIE NEUE HÄUSLICHKEIT

Die große Wohnungslotterie hat stattgefunden und die neue Wohnung ist von uns bezogen worden. Freilich verbessert haben wir uns nicht gerade. Wir wohnten Berlin SW., drei Treppen im Vorderhause und haben – zufällig in demselben Hause – eine Wohnung angewiesen erhalten drei Treppen im Hinterhause. Meine Frau ist ein bisschen stark enttäuscht. Sie hatte zwar den Gedanken an eine kleine Villa aufgegeben, aber wohl noch immer auf eine halbe Beletage irgendwo gehofft.

Auf die Wohnung habe auch ich immer viel gegeben. Wir hatten bisher für uns sechs Personen zwei Stuben, zwei Kammern und die Küche. Die beiden Kammern, in denen Großvater und die Kinder schliefen, brauchen wir allerdings jetzt nicht mehr. Der Küche bei den Wohnungen bedarf es auch nicht weiter, da morgen die Staatsküchen eröffnet werden sollen. Aber auf zwei bis drei hübsche Stuben hatte ich mir im Stillen selbst Hoffnung gemacht. Stattdessen haben wir eine einfenstrige Stube und eine Art Mädchengelass, wie man es früher nannte, zugeteilt bekommen. Etwas dunkler und etwas niedriger sind die Räume, auch Nebenräume sind nicht dabei.

Indes alles ist mit rechten Dingen zugegangen. Unser Magistrat ist ehrlich, und nur ein Schelm gibt mehr als er hat. Wie gestern in der Stadtverordnetenversammlung dargelegt wurde, hat Berlin bisher laut dem früheren Mietssteuerkataster für seine zwei Millionen Einwohner eine Million Wohnzimmer zur Verfügung gehabt. Nun ist aber der Bedarf an Räumen für öffentliche Zwecke in unserer sozialisierten Gesellschaft außerordentlich gewachsen. Die zu öffentlichen Zwecken schon vorhanden gewesenen Räume einschließlich der Ladenlokale vermochten deshalb nur einen winzigen Bruchteil des jetzigen Bedarfs zu decken. War doch schon eine Million junger und alter Personen in Erziehungs- und Verpflegungsanstalten unterzubringen. Krankenhäuser mit 80 000 Betten sind jetzt reserviert.

Solche öffentlichen Zwecke müssen aber den Privatinteressen vorangehen. Mit großem Recht hat man deshalb vorzugsweise die größeren und besseren Häuser, namentlich in den westlichen Stadtteilen, dafür in Beschlag genommen. In den inneren Bezirken liegen desto mehr Büros und Verkaufsmagazine. In den Erdgeschossen sind überall Staatsküchen und Speisehäuser für diejenige Million eingerichtet, welche nicht in öffentlichen Anstalten untergebracht ist. In den Hinterhäusern befinden sich auch Zentralwaschanstalten für dieselben. Wenn dergestalt für so viele besondere Zwecke auch besondere Räumlichkeiten reserviert werden mussten, so ergab sich daraus von vornherein eine Beschränkung der Privatwohnungen.

Bei Übernahme der Regierung sind wie gesagt im ganzen eine Million verfügbarer Wohnzimmer vorgefunden worden. Es sind davon nach Deckung des Bedarfs für öffentliche Zwecke 600 000 mehr oder weniger kleine Wohnzimmer übrig geblieben nebst einigen hunderttausend Küchenräumen und anderen Nebenräumen. Für die in Privatwohnungen unterzubringende Million Einwohner entfiel daher pro Kopf eine Räumlichkeit. Um jede Ungerechtigkeit zu verhindern, sind diese Räume verlost worden. Jede Person von 21 bis 45 Jahren, männlich oder weiblich, erhielt ein Los. Das Verlosen ist überhaupt ein vorzügliches Mittel, um dem Prinzip der Gleichheit bei ungleichen Verhältnissen Rechnung zu tragen. Die Sozialdemokraten in Berlin hatten schon in der früheren Gesellschaft solche Verlosungen bei Theaterplätzen eingeführt.

Nach der Verlosung der Wohnungen war Umtausch der zugelosten Räume gestattet. Diejenigen, welche beisammen bleiben wollten wie Eheleute, aber nach Straßen, Häusern oder Stockwerken getrennte Räume zugelost erhalten hatten, tauschten mit anderen. Ich konnte freilich neben der für meine Frau ausgelosten Stube nur noch das Mädchengelass bekommen, indem ich dafür die für mich im Nachbarhause zugeloste Stube einem jungen Mann überließ, welcher das Mädchengelass erlost hatte. Indes die Hauptsache ist doch, dass wir beide zusammengeblieben sind.

Allen Eheleuten ist ein entsprechender Zimmertausch freilich noch nicht geglückt. Manche geben sich vielleicht auch keine rechte Mühe, wieder zusammenzukommen. Die Ehe ist Privatsache und deshalb können von Amts wegen nicht besondere größere Wohnungen für Eheleute und kleinere Wohnungen für Einzelpersonen verlost werden. Wäre letzteres der Fall, so würde ja beispielsweise die Auflösung der Ehe, welche doch an jedem Tage möglich sein soll, bis zum Freiwerden von Wohnungen für Einzelpersonen hinausgeschoben werden müssen. Jetzt dagegen kann jede bei Eingehung der Ehe nach privater Entscheidung von zwei Personen zusammengelegte Wohnung ebenso wieder bei Auflösung der Ehe in ihre beiden ursprünglichen Teile zerlegt werden. Man teilt die zusammengestellten Möbel ab, und alles ist wieder vorbei.

So ist in der neuen Gesellschaft auch hier alles auf das folgerichtigste und scharfsinnigste geordnet worden. Wie beschämend sind doch diese Einrichtungen, welche jede persönliche Freiheit für Mann und Weib garantieren, wiederum für diejenigen, die stets behauptet haben, dass die Sozialdemokratie eine Knechtschaft des Einzelwillens bedeute.

Für meine Alte und mich sind dies natürlich keine praktischen Fragen. Wir halten wie bisher in Freud und Leid bis zu unserem Lebensende treu zusammen. Das sind nur schwache Naturen, bei welchen der innere Herzensbund auch noch der äußeren Klammern, wie in der alten Gesellschaft, bedarf, um nicht auseinanderzufallen.

Leider haben wir beim Umzug wieder einen weiteren Teil unseres Hausrats im Stich lassen müssen. Die neue Wohnung war zu klein, um auch nur den Rest des Mobiliars, der uns nach dem Umzugstage unserer Lieben geblieben, vollständig aufnehmen zu können. Wir haben natürlich in die beiden Gelasse hineingesteckt, was von unseren Sachen hineinging, so dass wir in der Bewegung etwas beengt sind. Aber das ehemalige Mädchengelass ist doch gar zu klein und hat auch zu wenig Wandfläche. Sehr vielen anderen ist es auch nicht besser ergangen. Beim Wohnungswechsel blieben daher sehr viele Sachen auf der Straße stehen, welche in den neuen Räumen von den bisherigen Besitzern nicht untergebracht werden konnten. Diese Sachen sind sämtlich aufgeladen worden, um die noch sehr mangelhafte Einrichtung in unseren großen öffentlichen Anstalten nach Möglichkeit zu vervollständigen.

Darüber wollen wir uns aber nicht betrüben. Es gilt, in der neuen Gesellschaft anstelle einer beschränkten kümmerlichen Privatexistenz ein großartiges öffentliches Leben zu organisieren, das mit seinen auf das vollkommenste eingerichteten Anstalten für leibliche und geistige Nahrung jeder Art, für Erholung und Geselligkeit allen Menschen ohne Unterschied dasjenige zuteil werden lässt, was bis dahin nur eine bevorzugte Klasse genießen konnte. Der morgigen Eröffnung der Staatsküchen soll demnächst auch die Eröffnung der neuen Volkstheater folgen.

12. DIE NEUEN STAATSKÜCHEN

Es ist doch eine wahrhaft bewundernswerte Leistung, dass heute in ganz Berlin mit einem Schlage 1 000 Staatsküchen, jede zur Speisung von je 1 000 Personen, eröffnet werden konnten. Zwar wer sich eingebildet hat, dass es in diesen Staatsküchen hergehen werde, wie an der Table d'hote der großen Hotels zur Zeit, als dort noch eine üppige Bourgeoisie in raffinierter Feinschmeckerei schwelgte, muss sich enttäuscht finden. Natürlich gibt es in den Staatsküchen der sozialisierten Gesellschaft auch keine schwarz befrackten und geschniegelten Kellner, auch keine ellenlangen Speisekarten und dergleichen.

Alles ist für die neuen Staatsküchen bis in die kleinsten Einzelheiten hinein genau vorgeschrieben. Niemand wird vor dem anderen auch nur im geringsten bevorzugt. Eine Wahl unter den verschiedenen Küchen ist natürlich nicht gestattet. Jeder hat das Recht, in der Küche seines Bezirks zu speisen, innerhalb dessen die neue Wohnung gelegen ist. Die Hauptmahlzeit wird verabreicht zwischen 12 Uhr mittags und 6 Uhr abends. Jeder meldet sich bei derjenigen Küche, welcher er zugewiesen ist, entweder in der Mittagspause seiner Arbeitszeit oder nach Beendigung der Arbeit.

Leider kann ich mit meiner Frau, wie ich dies seit 25 Jahren gewohnt war, außer sonntags nicht mehr zusammen essen, da unsere Arbeitszeiten ganz verschieden liegen. Nach dem Eintritt in den Speisesaal lässt man sich die Speisemarke aus dem Geldzertifikat durch den Buchhalter loslösen und erhält dafür eine Nummer, welche die Reihenfolge bezeichnet. Sobald durch Freiwerden von Plätzen an den Tischen die Nummer an die Reihe kommt, holt man sich seine Portion am Anrichtetisch. Schutzmänner wachen streng über die Ordnung. Diese Schutzmänner – ihre Zahl ist jetzt in Berlin auf 12 000 vermehrt worden – machten sich allerdings in den Küchen heute ein wenig unangenehm mausig. Das Gedränge in dem Speiseraum war freilich etwas groß. Berlin erweist sich als zu eng für die großartigen Einrichtungen der Sozialdemokratie.

Es wurde natürlich bunte Reihe gemacht. Jeder nimmt Platz, wie er gerade von der Arbeit kommt. Neben einem Müller saß mir gegenüber ein Schornsteinfeger. Darüber lachte der Schornsteinfeger herzlicher als der Müller. Die Tischplätze sind etwas schmal, so dass die Ellenbogen gegenseitig behinderten. Indes dauert das Essen ja nicht lange, die Esszeit ist sogar zu knapp bemessen. Nach Ablauf der zugemessenen Minuten, über deren Innehaltung an jeder Tischreihe ein Schutzmann mit der Uhr in der Hand wacht, muss der Platz unweigerlich dem Hintermann eingeräumt werden.

Es ist doch ein erhebendes Bewusstsein, dass in allen Staatsküchen Berlins an demselben Tage überall dasselbe gekocht wird. Da jede Küche genau weiß, auf wie viele Personen sie sich einzurichten hat, und diesen Personen jede Verlegenheit erspart ist, auf einer langen Speisekarte erst eine Auswahl zu treffen, so sind alle Verluste vermieden, welche durch übriggebliebene Speisen in den Restaurants der Bourgeoisie früher die Konsumtion so sehr verteuert haben. Diese Ersparnis gehört zu den größten Triumphen der sozialdemokratischen Organisation.

Ursprünglich wollte man, wie unsere Nachbarin, die Kochfrau, erzählte, in jeder Küche verschiedene Speisen derart zur Auswahl stellen, dass nach dem Allewerden des einen Gerichts sich die Auswahl für die später Kommenden fortgesetzt verringerte. Indes überzeugte man sich bald, dass dies ein Unrecht gewesen wäre für diejenigen, welche infolge ihrer in andere Tagesstunden fallenden Arbeitszeit erst später das Speisehaus hätten aufsuchen können.

Alle Portionen sind für jedermann gleich groß. Ein Nimmersatt, welcher heute unter Verletzung des sozialdemokratischen Gleichheitsprinzips noch eine Zulage verlangte, wurde herzlich ausgelacht. Auch der Gedanke, den Frauen kleinere Portionen zuzumessen, ist als der Gleichberechtigung beider Geschlechter und ihrer gleichen Arbeitspflicht widersprechend von vornherein zurückgewiesen worden. Freilich müssen auch die Männer von schwerem Körpergewicht mit derselben Portion fürlieb nehmen. Aber für diejenigen darunter, welche sich in ihrem früheren Wohlleben als Bourgeois gemästet haben, ist das Zusammenziehen des Schmachtriemens ganz gesund. Solchen Personen dagegen, welche durch sitzende Lebensweise und durch Naturanlage eine stärkere Leibesfülle gewonnen haben, ist bei dem achtstündigen Maximalarbeitstag freie Zeit gewährleistet, sich anderweitig zu trainieren. Auch kann sich ja jeder von Hause so viel von seiner Brotration als

Zukost zur Mahlzeit mitbringen, wie er immer essen mag. Überdies ist es denjenigen, welchen ihre Portion zu groß ist, freigestellt, ihren Tischgenossen einen Teil davon abzugeben.

Wie unsere Nachbarin erzählte, hat das Ministerium für Volksernährung dem Küchenzettel die wissenschaftlichen Erfahrungen darüber zugrundegelegt, wie viel Gramm dem Körper, um ihn in seinem stofflichen Zustand zu erhalten, an stickstoffhaltigen Nährstoffen (Eiweiß) und stickstofffreien Nährstoffen (Fett und Kohlehydraten) zuzuführen sind. Es gibt täglich für jedermann Fleisch (durchschnittlich 150 Gramm pro Portion) und daneben entweder Reis, Graupen, Hülsenfrüchte (Erbsen, Bohnen, Linsen), fast immer mit reichlichen Kartoffeln. Donnerstag wird Sauerkohl mit Erbsen verabreicht. Was in Berlin an jedem Tage gekocht wird, ist an den Anschlagsäulen zu lesen. Dieselben veröffentlichen den Küchenzettel schon für die ganze Woche, genau so wie früher den Theaterzettel.

Wo hat es je in der Welt ein Volk gegeben, in welchem wie jetzt bei uns jedermann täglich seine Fleischportion gesichert ist? Selbst ein französischer König konnte als höchstes Ideal sich nur vorstellen, dass am Sonntag jeder Bauer sein Huhn im Topfe haben sollte. Dabei muss man sich noch gegenwärtig halten, dass neben der gleichen Grundlage, welche für die Ernährung von staatswegen gelegt wird, dem persönlichen Belieben eines jeden überlassen bleibt, bei den Nebenmahlzeiten sich morgens und abends alles dasjenige zu gönnen, was sein Gaumen verlangt, natürlich immer in den Grenzen des Geldzertifikats.

Keine Brotlosigkeit, keine Obdachlosigkeit mehr! Für jedermann an jedem Tage Fleisch im Topfe! Schon dieses Ziel erreicht zu haben, ist ein so erhabener Gedanke, dass man darüber manche Unbequemlichkeiten, die allerdings der neue Zustand mit sich bringt, vergessen muss. Freilich die Fleischportion könnte noch etwas größer sein. Aber unsere vorsichtige Regierung wollte zu Anfang nicht mehr verabreichen, als bisher in Berlin mittags durchschnittlich verzehrt wurde. Später soll ja alles bei uns viel reichhaltiger und großartiger werden, je mehr die neuen Einrichtungen sich vervollkommnen und die Übergangsverhältnisse überwunden werden.

Eines nur raubt dem Flügelschlag meiner Seele den höheren Schwung: die Bekümmernis meiner guten Frau. Sie ist recht nervös geworden und wird es täglich immer mehr. Während unserer 25 jährigen Ehe haben wir nicht so viel erregte Auseinandersetzungen gehabt, wie seit der Begründung der neuen Ordnung. Die Staatsküchen behagen ihr auch nicht. Das Essen, meint sie, sei Kasernenkost und keine Hausmannskost. Das Fleisch sei zu ausgekocht, die Brühe zu wässerig u. s. w. Wenn sie schon acht Tage im voraus wisse, was sie jeden Tag essen müsse, verliere sie schon davon den Appetit. Und dabei hat sie doch früher mir so oft vorgeklagt, sie wisse bei den teuren Preisen garnicht mehr, was sie kochen solle. Es passte ihr früher stets, wenn einmal sonntags nicht gekocht zu werden brauchte, weil wir einen kleinen Ausflug unternahmen. Nun, Frauen haben immer an Speisen etwas auszusetzen, die sie nicht selbst gekocht haben.

Ich hoffe, dass, wenn sie erst einmal die Kinder und den Vater in der Anstalt besucht und wohl und munter gefunden hat, auch der Gleichmut ihrer Seele wieder zurückkehren wird, der sie früher selbst in den schwierigsten Zeiten unserer Ehe niemals verlassen hat.

13. EIN ÄRGERLICHER ZWISCHENFALL

Unser Reichskanzler ist nicht mehr so beliebt wie früher. Ich bedauere dies um so aufrichtiger, als es einen tüchtigeren, energischeren und tätigeren Staatsleiter, einen zielbewussteren Sozialdemokraten nicht geben kann. Aber freilich, jeder ist nicht so verständig wie ich. Wem irgend etwas in der neuen Ordnung nicht passt, wer sich in seinen Erwartungen getäuscht fühlt, schiebt die Schuld auf unseren Reichskanzler. Ganz besonders falsch auf den Reichskanzler sind viele Frauen seit dem großen Umzug und der Einrichtung der Staatsküchen. Es soll unter den Frauen sogar eine Reaktionspartei in der Bildung begriffen sein. Meine Frau ist selbstverständlich nicht darunter, ich hoffe, Agnes auch nicht.

Geflissentlich hat man gegen den Reichskanzler verbreitet, er sei ein Aristokrat. Er putze sich seine Stiefel nicht selber und lasse sich seine Kleider durch einen Diener reinigen, der ihm auch das Essen aus der Staatsküche, auf die er angewiesen ist, in das Schloss bringen muss. Das wären freilich arge Verstöße gegen das Gleichheitsprinzip; aber es fragt sich, ob es wahr ist.

Genug, diese Unzufriedenheit, welche offenbar von der Partei der Jungen geflissentlich genährt wird, ist öffentlich in einer sehr hässlichen und tadelnswerten Weise zum Ausdruck gelangt. Auf dem Platz der ehemaligen Schlossfreiheit war das neue allegorische Denkmal zur Verherrlichung der Großtaten der Pariser Kommune im Jahre 1871 gestern enthüllt worden. Seitdem ist der Platz unausgesetzt von vielen Neugierigen bedeckt, welche sich dieses großartige Denkmal ansehen. So war es auch, als der Reichskanzler zu Wagen, von der Spazierfahrt im Tiergarten zurückkehrend, über die Schlossbrücke kam, um im Hauptportal an der Schlossfreiheit einzufahren. Schon von der Gegend des Zeughauses her hörte man Pfeifen, Lärm und Toben. Wahrscheinlich hatte die berittene Schutzmannschaft, welche jetzt auch wieder hergestellt ist, sich wieder einmal allzu dienstefrig gezeigt, dem Wagen des Reichskanzlers Platz zu machen. Der Tumult wuchs, als der Wagen näher kam. Rufe erschollen: Nieder mit dem Aristokraten, dem Bourgeois, dem Protzen! Heraus aus dem Wagen, in den Kanal mit der Equipage! Offenbar fühlte sich die Menge aufgereizt durch den jetzt seltener gewordenen Anblick eines Privatwagens.

Der Reichskanzler, dem man den verhaltenen Zorn anmerkte, grüßte nichtsdestoweniger ruhig nach allen Seiten und ließ langsamen Schrittes dem Schlossportal zufahren. Da wurde er kurz vor demselben, anscheinend aus einer Gruppe dort versammelter Frauen, mit Kot und allerlei Unrat beworfen. Ich sah selbst, wie er sich den Rock davon säuberte und die Schutzmänner abwehrte, mit ihren Totschlägern auf die Frauen einzudringen. Solche der Sozialdemokraten unwürdigen Tätlichkeiten sollten doch nicht vorkommen. Ich hörte denn auch heute mehrfach, dass dem Reichskanzler große Ovationen bereitet werden sollen.

14. MINISTERKRISIS

Der Reichskanzler hat seine Entlassung angeboten. Alle Gutgesinnten können dies nur aufrichtig bedauern, zumal nach dem gestrigen Vorfall. Aber der Reichskanzler soll etwas überarbeitet und nervös aufgeregt sein. Es wäre wirklich kein Wunder. Denn er hat das Hundertfache zu denken und zu arbeiten von demjenigen, was früher die Reichskanzler der Bourgeoisie zu tun hatten. Der Undank der Menge hat ihn tief gekränkt. Der Vorfall am Schlossportal war der letzte Tropfen, welcher das Fass zum Überlaufen brachte.

Die Stiefelwichsfrage hat allerdings die Ministerkrisis veranlasst. Es wird jetzt bekannt, dass der Reichskanzler schon vor längerer Zeit dem Staatsministerium eine ausführliche Druckschrift überreicht hat, über welche die Beschlussfassung stets ausgesetzt worden ist. Nun besteht der Reichskanzler auf sofortiger Entscheidung und hat seine Denkschrift im „Vorwärts" veröffentlichen lassen. Die Denkschrift verlangt, dass Unterschiede gemacht werden. Er könne die Dienstleistungen anderer für seine Person nicht entbehren. Der achtstündige Maximalarbeitstag ist für den Reichskanzler tatsächlich nicht vorhanden, es sei denn, dass man statt eines Reichskanzlers drei Reichskanzler einsetzt, welche innerhalb 24 Stunden umschichtig je 8 Stunden zu regieren hätten. Der Reichskanzler hat, wie er ausführt, an jedem Morgen sehr viel Zeit und Arbeitskraft verloren mit dem Reinigen seiner Stiefel und seiner Kleidung, mit dem Zimmeraufräumen, dem Frühstückholen u. s. w. Infolgedessen hätten wichtige Staatsgeschäfte, welche nur er erledigen könnte, einen Aufschub erfahren müssen. Habe er nicht mit abgerissenen Knöpfen vor den Botschaften auswärtiger Mächte erscheinen wollen, so hätte er selbst – der Kanzler ist bekanntlich unverheiratet – sich alle Kleiderreparaturen besorgen müssen, die nicht warten können auf die Abholung zu den großen Reparaturanstalten des Staates. Solchen großen Zeitverlust hätte er bei entsprechender Hilfeleistung durch einen Diener zum Besten der Gesamtheit ersparen können. Auch das Essen in der ihm zugewiesenen Staatsküche war lästig wegen des Andrangs von Bittstellern, welche dort förmlich auf ihn Jagd machen. Spazierfahrten in den Tiergarten mit seiner Dienstequipage will der Kanzler nur unternommen haben, wenn es ihm wegen der beschränkten Zeit unmöglich gewesen sei, auf andere Weise Erholung in der frischen Luft zu suchen.

Das hört sich ja alles sehr plausibel an, aber leugnen lässt sich doch nicht, dass der Antrag des Reichskanzlers das Prinzip der sozialen Gleichheit verletzt und geeignet ist, mit den Dienstboten die Hausssklaverei wieder einzuführen. Denn was der Reichskanzler für sich verlangt, könnten mit demselben Recht auch alle übrigen Minister und Ministerialbeamten, vielleicht sogar die vortragenden Räte, die Direktoren der Staatsanstalten, Oberbürgermeister und Magistratsmitglieder für sich beanspruchen. Andererseits ist es auch misslich, wenn die ganze Staatsmaschine, auf deren akkuraten Gang bei unseren großen Organisationen so unendlich viel ankommt, ins Stocken gerät, weil der Reichskanzler zunächst die Knöpfe annähen oder die Stiefel putzen muss, bevor er eine Audienz erteilen kann.

Hier liegt allerdings eine Frage von größerer Tragweite vor, als es auf den ersten Blick manchem erschienen sein mag. Dass jedoch ein so ausgezeichneter Reichskanzler und zielbewusster Sozialdemokrat auf seiner Laufbahn über diesen Stein stolpern soll, will mir noch nicht in den Sinn.

15. AUSWANDERUNG

Die infolge der Stiefelwichsfrage ausgebrochene Ministerkrisis dauert fort. Inzwischen ist ein schon vorher zustande gekommenes Gesetz gegen die unerlaubte Auswanderung erschienen. Die Sozialdemokratie beruht auf der allgemeinen Arbeitspflicht, ebenso wie die frühere Ordnung in der allgemeinen Militärpflicht ihre Stütze fand. So wenig es damals Personen im militärpflichtigen Alter gestattet war, ohne Erlaubnis auszuwandern, so wenig kann dies unser Staatswesen Personen in arbeitspflichtigem Alter erlauben. Altersschwache Leute und Säuglinge mögen auswandern, aber Personen, die ihre Erziehung und Bildung dem Staate verdanken, kann die Auswanderung nicht gestattet werden, so lange sie noch im arbeitspflichtigen Alter stehen.

In der ersten Zeit der neuen Ordnung waren es fast nur Rentner, welche mit ihren Familien über die Grenze gingen. Ihre Arbeitskraft war zwar mit in Rechnung gestellt, aber solche Rentner, bisher nur an Couponabschneiden und Quittungunterschreiben gewöhnt, leisteten tatsächlich so wenig, dass man auf ihre werte Mitarbeiterschaft verzichten konnte. Dafür, dass sie Geld und Geldeswert nicht über die Grenze mitnahmen, war ja zur Genüge gesorgt worden. Auch die Auswanderung fast aller Maler, Bildhauer und vieler Schriftsteller wäre noch zu verschmerzen. Den Herren gefiel die Einrichtung des Großbetriebs nicht. Sie nahmen Anstoß, in gemeinsamen großen Werkstätten unter Aufsicht für Staatsrechnung zu arbeiten. Lasst fahren nur dahin! Es sind noch freiwillige Dichter genug vorhanden, welche in ihren Mußestunden zu Ehren der Sozialdemokratie den Pegasus besteigen. Von den Malern und Bildhauern war verlangt worden, dass sie ihre Kunstwerke nicht mehr dem reichen Protzentum zu Füßen legen, sondern nur der Allgemeinheit widmen. Das passt aber diesen Mammonsknechten nicht.

Allerdings hat die Auswanderung der Bildhauer zur Folge, dass die Aufstellung vieler Statuen unserer verstorbenen Geistesheroen Unter den Linden noch nicht erfolgen konnte. Selbst die Statuen der unvergesslichen Vorkämpfer Stadthagen und Liebknecht sind noch nicht fertig geworden. Für die Ausschmückung unserer Versammlungslokale dagegen sind Bildwerke in Hülle und Fülle vorhanden aus den ausgeleerten Festräumen der Bourgeois.

Die Herren Schriftsteller, welche alles bekritteln und berufsmäßig Unzufriedenheit im Volk verbreiten, sind für ein auf dem Willen der Volksmehrheit beruhendes Staatswesen völlig entbehrlich. Schon Liebknecht tat den unvergesslichen Ausspruch: Wer sich dem Willen der Mehrheit nicht beugt und die Disziplin untergräbt, fliegt hinaus. Gehen diese Herren von selbst, desto besser.

Darum also brauchte kein Auswanderungsverbot erlassen zu werden. Aber Befremden musste es allerdings erregen, dass in stets wachsender Zahl auch nützliche Leute, welche etwas gelernt haben, über die Grenze gehen, nach der Schweiz, England und Amerika, wo die Sozialdemokratie noch immer nicht zur Herrschaft gelangt ist. Architekten und Ingenieure, Chemiker, Ärzte, auch Lehrer, dazu tüchtige Betriebsleiter, Modelleure, Techniker wandern scharenweise aus. Die Tatsache erklärt sich aus dem bedauerlichen Geisteshochmut. Diese Leute bilden sich ein, etwas Besseres zu sein, und können es nicht ertragen, dass sie gleichen Lohn mit dem gleichen ehrlichen Arbeiten erhalten. Aber schon Bebel schrieb mit Recht: „Was immer einer ist, das hat die Gesellschaft aus ihm gemacht. Die Ideen sind ein Produkt, das durch den Zeitgeist im Kopf des einzelnen erzeugt wird." Freilich der Zeitgeist war in der früheren Gesellschaft lange in die Irre gegangen. Daher solcher Größenwahn.

Aber ist erst die Jugend in unseren sozialdemokratischen Erziehungsanstalten herangebildet und hat sich dort von einem edlen Ehrgeiz durchdringen lassen, alle Kräfte dem Gemeinwesen zu widmen, so werden wir auch jene Aristokraten missen können. Bis dahin aber ist es ihre verdammte Pflicht und Schuldigkeit, in Deutschland zu bleiben.

Man kann es daher nur billigen, dass das Auswanderungsverbot mit Strenge gehandhabt wird. Dazu ist die scharfe Besetzung der Grenzen, namentlich der Seeküsten und der Landgrenzen gegen die Schweiz erforderlich. Das stehende Heer wird dazu weiterhin um viele Bataillone Infanterie und Eskadrons Kavallerie vermehrt werden. Die Grenzpatrouillen sind angewiesen, gegen Flüchtlinge von der Schusswaffe rücksichtslos Gebrauch zu machen. – Möge unser schneidiger Reichskanzler uns noch lange erhalten bleiben.

16. KANZLERWECHSEL

Mein heißer Wunsch ist nicht in Erfüllung gegangen. Der Kanzler ist aus dem Amt geschieden und der bisherige Reichstagspräsident zu seinem Nachfolger gewählt. Das Staatsministerium, welches auch eine teilweise Erneuerung erfuhr, hat in seiner Gesamtheit sich nicht entschließen können, dem Reichskanzler eine Dienerschaft zu seiner persönlichen Bequemlichkeit in seinem Privatleben auf eigene Verantwortung zur Verfügung zu stellen, weil die Folgen einer solchen Verletzung der sozialen Gleichheit unabsehbar sein würden. Wie leicht kann der ganze soziale Bau wieder zusammenstürzen, wenn in seiner folgerechten Gliederung auch nur ein einzelner Stein gelockert wird. Schon Bebel schrieb in seinen Betrachtungen über diese Stiefelwichsfrage: „Arbeit schändet nicht, auch wenn sie im Stiefelputzen besteht. Das hat sogar schon mancher altadlige Offizier in Amerika kennengelernt." Die Regierung war allerdings geneigt, den von Bebel gegebenen Fingerzeig zur Lösung dieser Schwierigkeiten zu beachten und eine erhöhte Aufmerksamkeit der Frage zuzuwenden, wie das Stiefelwichsen und Kleiderreinigen durch Maschinen ausgeführt werden könne. Aber auf diese Aussicht der Bedienung durch Maschinen wollte sich der Reichskanzler nicht einlassen.

So ist er denn gegangen. Sein vom gesetzgebenden Ausschuss gewählter Nachfolger gilt als eine weniger schneidige und mehr vermittelnde Natur, als ein Mann, der es nach keiner Seite gern verderben, und möglichst allen Wünschen gerecht werden will.

In etwas gar zu demonstrativer Weise erschien der Nachfolger des Reichskanzlers heute in der Küche seines Bezirks, speiste in der Reihenfolge seiner Nummer und spazierte zu Fuß Unter den Linden, ein großes Paket mit Kleidungsstücken unter dem Arm, welches er in die Reparaturanstalt des Stadtteils zum Reinigen und Ausbessern überbrachte.

17. AUS DEN WERKSTÄTTEN

Ich bin froh, heute den Kontrolleurposten, welchen mir mein Freund in der Magistratsdeputation schon lange versprochen, erhalten zu haben. Ich brauche also nicht länger als Buchbinder in der Werkstatt tätig zu sein. Wenn doch mein Franz in Leipzig auch loskommen könnte von seinem Setzerpult. Nicht dass wir unsere Berufsarbeit verachteten, aber es geht meinem Sohn wie mir. Die Art, wie es in den Werkstätten jetzt zugeht, passt uns ganz und gar nicht. Man arbeitet doch nicht bloß um das bisschen Leben. Schiller war zwar auch ein Bourgeois, aber gefallen hat mir immer sein Spruch:

Das ist es, was den Menschen zieret,
Und dazu ward ihm der Verstand,
Dass er im innern Herzen spüret,
Was er erschafft mit seiner Hand.

Leider spüren unsere Kollegen in der Werkstatt kaum davon noch etwas. Man sollte fast meinen, die Werkstätten seien jetzt nur Lokale, um die Zeit totzuschlagen. Die Parole lautet: Immer langsam voran, damit der Nebenmann mitkommen kann. Akkordarbeit gibt es nicht mehr. Sie vertrug sich allerdings nicht mit der sozialen Gleichheit der Löhne und der Arbeitszeit. Aber bei dem „gewissen Gelde", so schreibt Franz, heißt es jetzt: Kommt die Arbeit heute nicht, so kommt sie morgen zustande. Fleiß und Eifer gilt für Dummheit und Borniertheit. Wozu auch? Der Fleißige bringt es ja auch nicht weiter im Leben als der Träge. Man ist selbst nicht mehr seines Glückes Schmied, sondern wird angeschmiedet, wo es anderen gerade passt. – Also mein Franz. Diesmal hat er weniger Unrecht als sonst.

Es ist nicht zu beschreiben, wie viel jetzt an Material und Gerätschaften durch Unaufmerksamkeit und Nachlässigkeit verdorben wird. Ich weiß nicht, was ich getan hätte, wenn ich mich als Meister früher mit solchen Gesellen, wie sie jetzt neben mir arbeiten, hätte herumplagen sollen. Als es einmal wieder gar zu arg war, riss mir doch der Geduldsfaden und ich hielt eine Standrede, die nicht schlecht war.

Kollegen, die Gesellschaft erwartet, dass jedermann seine Schuldigkeit tut! Wir haben jetzt nur acht Stunden zu arbeiten. Ihr seid alte Sozialdemokraten. Unser Bebel hoffte einst, eine „moralische Atmosphäre" werde in der neuen Ordnung jeden anregen, es dem andern zuvorzutun. Bedenkt, Genossen, wir arbeiten nicht mehr für Ausbeuter und Kapitalisten, sondern für die Gesellschaft. Alles kommt durch die Gesellschaft jedem von uns wieder zugute.

Schön gepredigt, so höhnte man mich; schade, dass wir keinen Pastor mehr brauchen. Bebel hat uns einen vierstündigen Arbeitstag versprochen und nicht einen achtstündigen. Die Gesellschaft ist groß. Soll ich mich für die 50 Millionen Gesellschaft plagen und schinden, während die übrigen 49 999 999 nicht solche Narren sind? Was kaufe ich mir für das 1/50 000 000, wenn ich es wirklich aus dem Mehrertrag meiner Arbeit zurückbekäme?

Dann sangen sie im Chor: Wenn dir die Gesellschaft nicht mehr passt, such' dir eine andere, wenn du eine hast.

Seitdem habe ich natürlich keinen Ton mehr geredet. Franz ist es leider ähnlich ergangen. Die Zeitung dort wird selten zur richtigen Stunde fertig, obwohl um die Hälfte Setzer mehr als früher an einem Bogen arbeiten. Je später der Abend, desto mehr Fässchen Bier sind während der Arbeit schon vertrunken, und desto zahlreicher werden die Druckfehler.

Als Franz neulich den erkrankten Metteur vertrat und um etwas mehr Ruhe in der Werkstatt höflichst bat, stimmte das ganze Personal die Marseillaise an unter besonders starker Betonung der Worte: Nieder mit der Tyrannei!

Meister und Vorarbeiter gibt es ja wie früher in den Werkstätten, aber sie werden von den Arbeitern gewählt und wieder abgesetzt, wenn sie den Untergebenen nicht mehr genehm sind. Sie dürfen es daher mit den Tonangebern und mit der Mehrheit nicht verderben. Der einzelne, der wie Franz und ich solche Zucht nicht mitmacht, ist schlimm dran. Ihn malträtieren bald die Kollegen, bald die Meister. Und dabei kann man so wenig aus solcher Werkstatt heraus, wie der Soldat aus der Korporalschaft, in der ihn sein Unteroffizier misshandelt.

Der frühere Reichskanzler hat das wohl begriffen, aber er hat es nicht ändern können. Das unter seiner Mitwirkung erlassene Strafgesetz gegen Verletzung der Arbeitspflicht ist in jeder Werkstatt angeschlagen, soweit es nicht abgerissen ist. Darin ist für Trägheit, Unachtsamkeit, Fahrlässigkeit, Unfolgsamkeit, Ungebühr gegen Vorgesetzte ein ganzes Register von Strafen angedroht. Die Entziehung der Geldzertifikate, der Fleischportionen, sogar der ganzen Mittagsmahlzeit, selbst Einsperrung im Arbeitshause. Aber wo kein Kläger ist, ist kein Richter.

Die Direktoren der Werkstätten werden ebenfalls gewählt wie die Meister und dürfen es daher auch nicht mit ihren Wählern verderben. Die Aburteilung im Prozessweg auf Grund des Strafgesetzes ist umständlich. Es sind allerdings neulich einige Maurer aus dem Publikum denunziert worden, weil sie gar zu lange Pausen machten und sich die einzelnen Steine bei der Arbeit gar zu genau besahen. Einmal ist von oben herunter das Personal einer ganzen Werkstatt an einen anderen Ort versetzt worden. In der Regel aber erfolgen Versetzungen nur aus politischen Gründen. Deshalb verlangt auch die Partei der Jungen jetzt, dass die Unversetzbarkeit der Richter auch für alle Arbeiter eingeführt werden soll.

Indessen auch die Versetzung hilft nicht überall. Jeder findet ja – das verlangt die soziale Gleichheit – auch in jedem andern Ort denselben Lohn, dieselbe Nahrung und Wohnung wieder, welche er verlassen hat. Für manche jugendlichen Radaumacher ist der Ortswechsel eine angenehme Abwechslung. Nur die Alten, welche sich nicht gern von ihren Frauen und Kindern am Ort trennen, leiden darunter.

Doch auch Rom ist nicht an einem einzigen Tage erbaut worden. Dieser Geist der Selbstsucht in den Werkstätten, was ist das anders als die böse Hinterlassenschaft einer Gesellschaft, in welcher jeder den anderen zu übervorteilen suchte. Unsere neuen Schulen und Erziehungsanstalten werden bald diejenige „moralische Atmosphäre" schaffen, in der der Baum der Sozialdemokratie ein fröhliches, die gesamte Menschheit überschattendes und beglückendes Gedeihen findet.

18. FAMILIENSORGEN

Das war ein Sonntag nicht wie ehedem. Endlich war es meiner Frau heute nachmittag vergönnt gewesen, Annie zu besuchen. Die Ordnung in den großen Anstalten gestattet den Eltern nur Besuche in einer gewissen Reihenfolge. Wie hatte sich meine Frau das Wiedersehen mit dem Kinde ausgemalt! Näschereien und allerlei Spielzeug, wie es Annie stets liebte, wurden sorgfältig eingepackt und mitgenommen. Aber zu ihrem großen Schmerz musste Mutter die Sachen am Eingang zurücklassen. Besonderes Spielzeug dürften die Kinder nicht haben, solches vertrage sich nicht mit der Erziehung im Sinne sozialer Gleichheit. Mit Kuchen sei es nicht anders. Das gebe nur Veranlassung zu Zank und Streit und störe die regelmäßige Ordnung und Ernährung in der Anstalt. Meine Frau hatte von dieser neuen Verfügung noch keine Kenntnis, da sie in ihrer Anstalt neuerlich in der Küche und nicht bei den Kindern tätig ist.

Auch die Freude des Wiedersehens hatte sich meine gute Frau von Seiten Annies stürmischer, lebhafter und zärtlicher vorgestellt. Das Kind war in der neuen Umgebung zur Mutter weniger zutraulich als sonst. Allzu lange freilich hat die Trennung noch nicht bestanden. Aber bei kleinen Kindern heißt es nun einmal: Aus den Augen, aus dem Sinn. Dazu war bei Annie unglücklicherweise der Gedanke an das Wiedersehen der Mutter stets mit der Vorstellung des Mitbringens von Süßigkeiten und Spielsachen verknüpft worden. Nun kam meine Frau mit leeren Händen zu dem Kinde. Zur Fortsetzung des Spiels mit den anderen Kleinen zog es Annie mindestens ebenso hin wie zu den Liebkosungen der Mutter.

Meine Frau fand Annie etwas blass aussehend und verändert. Vielleicht hat nur die veränderte Lebensweise und die andere Ernährungsweise daran schuld. Strenge Ordnung herrscht in der Anstalt. Aber es geht, wie es überall in unseren Anstalten der Fall sein soll, noch etwas knapp zu, und der Großbetrieb gestattet keine allzu sorgsame Behandlung des einzelnen. Indes das Aussehen der Kinder verändert sich ja oft sehr rasch. Wäre Annie noch bei uns, so würde es die erfahrene Mutter nicht beunruhigen. In der Abwesenheit ist es freilich anders. Da malt sich die Mutter leicht eine entstehende Krankheit aus, der sie nicht entgegenwirken kann.

In besondere Erregung versetzte meine Frau noch ein Gespräch mit einer Kindergärtnerin der Anstalt. Dieselbe schnitt die Klagen meiner Frau über die Trennung der kleinen Kinder von den Eltern barsch mit den Worten ab: Solchen Jammer hören wir nun alle Tage hier. Sogar das unvernünftige Vieh verwindet es bald, wenn man ihm sein Junges nimmt. Wie viel leichter sollten sich Frauen darin finden, die zu den denkenden Wesen gehören.

Meine Frau wollte sich über die Rohheit dieser Dame bei der Direktion beschweren. Ich riet ihr ab, weil die Person es dann Annie entgelten lassen würde. Die Dame hat nie ein Kind gehabt und kann auch jetzt keinen Mann bekommen, obgleich sie von der neuen Gleichberechtigung der Frauen wiederholt dahin Gebrauch gemacht haben soll, ihrerseits Heiratsanträge zu stellen.

Meine Frau war von dem weiten Weg von der Anstalt noch nicht zurückgekehrt, als Großvater ankam. Der alte Mann hatte sich mühsam die steilen dunklen Treppen zu unserer neuen Wohnung heraufgefunden. Es war mir doch lieb, dass meine Frau nicht anwesend war, denn ihres Vaters Klagen hätten ihr das Herz noch schwerer gemacht.

Es waren ja freilich nur Äußerlichkeiten und Nebendinge, über die er klagte. Aber alte Leute hängen nun einmal an solchen kleinen Gewohnheiten, wie sie hier etwas rauh durchbrochen worden sind. Auch mit der Gesundheit, so meinte Großvater, gehe es ihm schlechter. Hier und dort schmerzt, zwickt und sticht es ihn. Äußerlich nahm ich keine Veränderung wahr, aber Großvater hat jetzt mehr Zeit, über sich selbst nachzudenken, als früher, wo ihn in unserem Familienkreise bald dies, bald jenes abzog. Gern war er auch früher bei mir in der Werkstatt und suchte sich nützlich zu machen. Was er arbeitete, wollte ja nicht viel bedeuten, aber es beschäftigte ihn doch. Für alte Leute ist das Nichtstun keine Wohltat, denn eine auch noch so leichte Arbeit erhält ihr Lebensinteresse aufrecht, verknüpft sie mit der Gegenwart, bewahrt sie vor raschem körperlichen und geistigen Verfall.

Ich konnte den alten Mann, der sich in unserer kleinen Wohnung über die fehlenden alten Möbel sehr erregt zeigte, nicht allein in seine Anstalt zurückgehen lassen. Unglücklicherweise hat, während ich Großvater begleitete und meine Frau noch nicht zurückgekehrt war, unser Ernst uns besuchen wollen. Er ist vor die verschlossene Tür gekommen. Wie er einem Nachbarssohn und früheren Gespielen erzählte, hat ihn unbezwingliches Heimweh während einer freien Stunde zum Besuch der Eltern getrieben. Er kann auch jetzt noch ganz und gar nicht in die Anstalt sich schicken. Das ewige Lesen, Schreiben und Auswendiglernen, kurzum das Studieren, gefällt ihm nun einmal nicht. Er will Handwerker werden und nur lernen, was darauf Bezug hat. Ich bin überzeugt, er würde auch ein tüchtiger Handwerker werden. Unser Unterrichtsminister aber ist mit Bebel der Ansicht, dass alle Menschen mit dem nahezu gleichen Verstande geboren werden, und deshalb soll allen, bis mit dem 18. Lebensjahr die Fachausbildung beginnt, eine gleichmäßige geistige Ausbildung zuteil werden als notwendige Grundlage für die spätere soziale Gleichheit.

19. VOLKSBELUSTIGUNGEN

Auf allen öffentlichen Plätzen Berlins finden jetzt Musikaufführungen statt. Der neue Reichskanzler versteht es aus dem Grunde, sich beliebt zu machen. In jedem Theater sind täglich zwei unentgeltliche Vorstellungen, sonntags deren drei. Natürlich sind auch die von den Bourgeois dem arbeitenden Volk hinterlassenen Theater viel zu beschränkt. Andere größere Versammlungslokale sind deshalb zur Veranstaltung von Volksbelustigungen hinzugenommen worden, z. B. Kirchen. An letzteren stößt sich allerdings noch dieser und jener, der von den anerzogenen Vorurteilen sich nicht loszulösen vermag. Grund und Boden der Kirchen aber ist Gemeingut geworden und Gemeingut darf laut Staatsgrundgesetz, wie es schon durch den Erfurter Parteitag im Oktober 1891 vorgeschrieben wurde, nicht zu kirchlichen und religiösen Zwecken verwendet werden.

Zur Aufführung gelangen in allen Theatern natürlich nur Stücke, welche die neue Ordnung verherrlichen und die Niederträchtigkeit der früheren Ausbeuter und Kapitalisten in lebendige Erinnerung zurückrufen. Das ist zwar auf die Dauer etwas einförmig, aber es stärkt doch die Gesinnungstüchtigkeit, was hier und da allerdings recht notwendig ist.

Anfangs war jedem freigestellt, wo und wie er ein Theater besuchen wollte. Indes ist die wilde Konkurrenz auch hier durch zielbewusste Organisation der Volksbelustigungen ersetzt worden. Aufführungen klassischer sozialdemokratischer Stücke fanden vor leeren Bänken statt, während in Spezialitätentheatern kein Apfel zur Erde fallen konnte. Fast schlug man sich dort um die besseren Plätze. Jetzt verteilt der Magistrat die Vorstellungen in einer gewissen Reihenfolge auf die einzelnen Stadtteile und Straßen. Die Theaterdirektoren aber verlosen die einzelnen Plätze unter das ihnen für die betreffende Vorstellung zugewiesene Publikum, wie es schon 1889 die sozialdemokratische Freie Volksbühne in Berlin eingeführt hat.

Aber Glück in der Liebe, Unglück im Spiel! Diese Erfahrung haben wir auch hierbei gemacht. Meine Frau und ich haben jetzt dreimal hintereinander so schlechte Plätze erlost, dass meine Frau nichts hören und ich nicht sehen konnte. Sie ist nämlich etwas schwerhörig, während ich kurzsichtig bin. Beides verträgt sich im Theater nicht recht mit der sozialen Gleichheit.

Auch zahlreiche öffentliche Tanzbelustigungen finden auf Veranstaltung des Magistrats allabendlich statt. Der Zutritt hierzu regelt sich in derselben Weise wie bei den Theatervorstellungen. Jung und Alt ist gleichmäßig berechtigt, zu erscheinen. Die Reform der Tanzordnung bot vom sozialistischen Standpunkt einige Schwierigkeiten. Die Gleichberechtigung der Frau kommt jetzt zum Ausdruck dadurch, dass Damentouren fortwährend mit den Herrentouren abwechseln. Allerdings sagt Bebel: Die Frau freit und lässt sich freien. Aber der Versuch, unter sinngemäßer Anwendung dieses Grundsatzes beiden Geschlechtern bei jedem Tanz die Aufforderung zu gestatten, musste bald aufgegeben werden, weil dadurch die Tanzordnung sich in eine etwas tumultuarische Verwirrung aufzulösen drohte.

Der „Vorwärts" enthielt eine Reihe von interessanten Eingesandts, welche ebenso gründlich wie scharfsinnig die Frage erörtern, ob es in der sozialisierten Gesellschaft beim Tanzen auch ein Recht auf Herren bzw. für die Herren ein Recht auf Damen gebe. Aus der gleichen Arbeitspflicht, so schrieb eine Dame im „Vorwärts", folgt das Recht auf gleichen Lohn. Zum Lohn für die Arbeit gehört auch das von Staats wegen organisierte Tanzvergnügen. Ein regelrechtes Tanzvergnügen ist für eine Dame nur denkbar mit einem Herrn, und dass es für die Herren kein Vergnügen ohne Damen gibt, sei noch selbstverständlicher.

Von Seiten der ehrwürdigen Einsenderin wurde deshalb im „Vorwärts" der praktische Vorschlag gemacht, für jedes Tanzvergnügen Herren und Damen durch das Los unter voller Wahrung der sozialen Gleichheit von Jung und Alt, Hübsch und Hässlich einander zuzuteilen. Ebenso wie es in der sozialisierten Gesellschaft keine Arbeitslosen und keine Obdachlosen gibt, dürfe es auch keine herrenlosen Damen bei Tanzvergnügungen mehr geben.

Indes legte in einem neuen Eingesandt ein Professor des modernen Naturrechts dar, dass aus einer solchen Organisierung der Tanzverbindungen zuletzt bedenkliche Schlussfolgerungen gezogen werden könnten auch auf die Anerkennung eines Rechts auf

Eheschließungen bzw. auf eine staatliche Regelung der Eheschließungen durch eine allgemeine Verlosung von Damen und Herren. Aber ebenso wie die Ehe ein Privatvertrag sei ohne Dazwischenkunft irgendeines Funktionärs, müsse auch einer momentanen Tanzverbindung von Mann und Frau der Charakter eines Privatvertrages gewahrt bleiben, und dürften deshalb auch Tanzordner sich nicht in die Engagementsverhältnisse, weder durch Verlosung noch sonstwie, einmischen.

Es soll in der Tat eine erhebliche Anzahl von Damen der Ansicht sein, die soziale Gleichheit bedinge auch die Aufhebung der Unterschiede von Verheirateten und Unverheirateten. Diese Damen haben sich neuerlich der Partei der Jungen angeschlossen, obwohl sie selbst zumeist schon in etwas reiferem Lebensalter stehen. Immerhin ist nach der Ausdehnung des Wahlrechts auf weibliche Personen auch dadurch die Opposition für die nächsten Reichstagswahlen nicht unerheblich verstärkt worden.

Der neue Reichskanzler hat auch die Vorbereitung allgemeiner Neuwahlen zum Reichstag eingeleitet. Die Fülle von Anforderungen an die Staatsleitung, welche die ersten Einrichtungen des sozialdemokratischen Staates mit sich brachten, gestatteten nicht früher die Vornahme von Wahlen. Das aktive und passive Wahlrecht steht allen Personen ohne Unterschied des Geschlechtes zu, welche das 20. Lebensjahr zurückgelegt haben. Nach den Beschlüssen des Erfurter Parteitages aus dem Oktober 1891 gilt fortan das Proportionalwahlsystem und jeder Partei wird eine ihrer Stimmenzahl entsprechende Zahl von Abgeordneten für den Reichstag zugeteilt.

20. ÜBLE ERFAHRUNGEN

Frau und Schwiegertochter sitzen bis tief in die Nacht hinein, um heimlich zu schneidern. Es gilt einem neuen Anzuge für Agnes.

Als Kontrolleur müsste ich eigentlich beide zur strafrechtlichen Verfolgung anzeigen wegen Überproduktion durch Überschreiten des Maximalarbeitstages. Indes gehören beide nicht zu den 50 Personen, welche mir als Kontrollsektion unterstellt sind.

Die beiden Frauensleute sind diesmal noch redseliger als sonst bei solchen Schneiderarbeiten. Verstehe ich es recht, so haben sie in den Verkaufsmagazinen nicht gefunden, was sie suchten, und machen nun aus anderen Kleidern etwas zurecht. Beide schelten um die Wette über die neuen Verkaufsmagazine. Schaufenster, Reklamen, Versendung von Preislisten, alles hat aufgehört. Man weiß gar nicht mehr Bescheid, so klagen sie, was es an neuen Sachen zu kaufen gibt und wie die Preise sich stellen. Die vom Staat angestellten Verkäufer sind so kurz angebunden wie die Beamten am Eisenbahnschalter. Die Konkurrenz der Läden untereinander hat natürlich aufgehört. Jeder ist für bestimmte Bedürfnisse auf ein bestimmtes Verkaufsmagazin angewiesen. So verlangt es die Organisation von Produktion und Konsumtion.

Ob man was kauft, ist natürlich dem Verkäufer völlig gleichgültig. Mancher Verkäufer schaut schon mürrisch drein, wenn die Ladentür aufgeht und der Verkäufer dadurch vielleicht in einer interessanten Lektüre oder Unterhaltung unterbrochen wird. Je mehr man zur Auswahl vorgelegt verlangt, je mehr man Auskunft wünscht über Beschaffenheit und Dauerhaftigkeit des Stoffes, desto verdrossener zeigt sich der Verkäufer. Ehe er aus einem anderen Raum des Magazins das Verlangte hervorholt, leugnet er lieber das Vorhandensein eines Vorrates von dem Gewünschten.

Verlangt man fertige Kleider – das Kleidermachen außerhalb des Maximalarbeitstages ist auch für den eigenen Gebrauch untersagt – so ist man erst recht übel daran. Es geht beim Anprobieren zu wie bei Rekruten in der Montierungskammer. Die ausgesuchte Nummer soll durchaus zu dem Körper passen. Ist etwas auf Bestellung gearbeitet und erweist sich beim Anprobieren hier zu eng, dort zu weit, so bedarf es großer Beredsamkeit, den Verkäufer hiervon zu überzeugen. Gelingt das nicht, so muss man entweder den

Anzug nehmen, so wie er ausgefallen ist, oder gegen die betreffende Staatsbehörde Prozess führen.

Prozess führen ist allerdings jetzt sehr billig. Wie schon der Erfurter Parteitag im Oktober 1891 dekretiert hat, ist die Rechtspflege und Rechtshilfe unentgeltlich. Die Zahl der Richter und Rechtsanwälte hat infolgedessen gegen früher verzehnfacht werden müssen. Aber dies reicht noch immer nicht, da die Klagen über Mängel und Fehler der in den Staatswerkstätten gelieferten Waren, über schlechte Beschaffenheit der Wohnungen und des Essens, über Ungehörigkeiten der Verkäufer und sonstiger Bediensteter so zahlreich sind wie Sand am Meere.

Auch in achtstündigen Sitzungen vermögen die Gerichte den Terminkalender nicht einzuhalten, obwohl die Rechtsanwälte nichts weniger als darauf aus sind, Prozesse zu verschleppen. Im Gegenteil, man klagt darüber, dass sie nach Aufhebung der Gebühren und seit ihrer Anstellung als Staatsbeamte ihre Klienten kaum anhören und alles möglichst summarisch und im Ramsch abzumachen suchen. Viele, die nicht im Prozessführen eine Art von anregender Unterhaltung suchen, nehmen daher trotz der unentgeltlichen Rechtspflege und Rechtshilfe lieber jedes Unrecht geduldig hin, um sich Laufereien, Zeitverlust und Ärger zu ersparen.

Betrübend ist es, wie die Eigentumsvergehen zunehmen, trotzdem Gold und Silber verschwunden ist. In meiner Eigenschaft als Kontrolleur gewahre ich jetzt hinter den Kulissen so manches, was sich bisher meinen Blicken entzog. Die Zahl der Unterschlagungen hat sich gegen früher versiebenfacht. Angestellte jeder Art verabfolgen gegen irgendeine private Zuwendung oder Dienstleistung zum Nachteil des Staates Waren, oder üben den ihnen berufsmäßig obliegenden Dienst aus, ohne dem Geldzertifikat des Empfängers in vorgeschriebener Weise einen dem Wert entsprechenden Coupon loszutrennen und zur Buchhalterei abzuführen. Durch unrichtiges Maß oder durch Verfälschung der Ware beim Verkauf sucht man das Fehlende, was nicht durch entsprechende Coupons nachgewiesen werden kann, wieder auszugleichen. Auch Diebstähle von Geldzertifikaten kommen vielfach vor. Die aufgedruckten Photographien haben im Massenverkehr die Benutzung der Geldzertifikate durch dritte Personen nicht zu verhindern vermocht. Das Zusichern und Gewähren von Geschenken aller Art an Personen, welche durch Anstellungen und Vergebung bequemer Arbeit und dergleichen Einfluss ausüben, greift bis in die höchsten Beamtenkreise hinauf Platz. In jeder Konferenz mit unserem Oberkontrolleur wird im Interesse der Kontrolle auf neue Praktiken solcher Art aufmerksam gemacht.

Bisher hatte ich mich stets auf Besserung vertröstet nach Überwindung der Übergangsverhältnisse. Aber ich kann es mir nicht verhehlen, die Dinge gestalten sich zusehends immer schlechter. Einer meiner Kollegen wollte sich dies heute wie folgt erklären. Seitdem die Leute nicht mehr imstande sind, durch persönliche Anstrengung in gesetzlicher Weise sich eine Besserung ihrer Lebensverhältnisse über das vorgeschriebene gleiche Maß hinaus zu verschaffen, geht ihr ganzes Dichten und Trachten dahin, in ungesetzlicher Weise sich dasjenige zu verschaffen, was ihnen sonst unerreichbar ist.

21. DIE FLUCHT

Schreckliche Tage haben wir erlebt. Am Sonntag früh kam Franz plötzlich an auf der Durchreise nach Stettin, wohin er, wie er angab, versetzt worden sei. Meine Frau zeigte sich über die Ankunft garnicht verwundert, desto aufgeregter war sie bei seiner Abreise. Sie schluchzte laut auf, hing an seinem Halse und konnte sich garnicht von ihrem Sohn trennen. Auch Franz verabschiedete sich von mir, als gelte es einen Abschied auf Nimmerwiedersehen. Agnes, Franzens Braut, habe ich nicht gesehen. Beide wollen auf dem Stettiner Bahnhof zusammentreffen.

Mittwoch las ich meiner Frau aus dem „Vorwärts" mit gleichgültiger Stimme eine Nachricht vor, dass an der Seeküste wieder flüchtige Auswanderer von den Grenzpatrouillen niedergeschossen sind, meine Frau ruft entsetzt aus: „Wo denn?" Als ich ihr antworte: „Auf der Reede von Saßnitz", fiel sie ohnmächtig zurück. Mit Mühe gelang es mir, sie allmählich wieder zum Bewusstsein zu bringen. In abgerissenen Worten erzählte sie mir, dass Franz und Agnes am Sonntag zusammen abgereist sind, und nicht nach Stettin, sondern nach Saßnitz auf Rügen, um von dort aus Deutschland zu verlassen. In dem Zeitungsartikel war noch näher ausgeführt, dass flüchtige Auswanderer Widerstand geleistet hätten, als das von Stettin kommende dänische Postschiff beim Anlegen in Saßnitz von der Grenzwache visitiert wurde, und die flüchtigen Auswanderer mit Gewalt aufs Land zurückgeführt werden sollten.

Furchtbare Stunden, geteilt zwischen Kummer und Angst, brachten wir zu, bis eine neue Nummer des „Vorwärts" die Namen der Getöteten und Verhafteten veröffentlichte und sich Franz und Agnes nicht auf dieser Liste befanden. Aber was war aus ihnen geworden?

Meine Frau gestand mir nun ein, was alles vorhergegangen war. Franz hatte schon vor seiner Abreise nach Berlin bei der letzten Geburtstagsfeier von Mutter dieser seine feste Absicht mitgeteilt, Deutschland, dessen Zustände ihm unerträglich seien, sobald wie möglich zu verlassen. Er bat seine Mutter inständigst, mir, von dessen gesetzlichem Sinn er Widerstand befürchtete, keine Silbe darüber mitzuteilen. Vergeblich hat meine Frau ihm die Sache auszureden versucht, er blieb bei seinem Entschluss, und das Mutterherz konnte den Vorstellungen des Sohnes nicht mehr widerstehen. Aus früherer Zeit hatte sich meine Frau eine Anzahl Goldstücke erspart und auch vor mir verborgen gehalten. Dieses Geld übergab sie Franz zur Bestreitung der Überfahrtskosten auf einem ausländischen Schiff. Damals widerstrebte noch Agnes. Sie war bereit, wenn es sein musste, Franz bis an das Ende der Welt zu folgen, wie sie sagte, aber sie vermochte die Notwendigkeit, sich von allen anderen Lieben hier zu trennen, noch nicht einzusehen. Bald aber gestalteten sich ihre eigenen Verhältnisse, was ich alles jetzt erst erfahre, immer widerwärtiger.

Still und sittsam hatte das junge Mädchen für sich in der elterlichen Wohnung Putzarbeiten hergestellt und an ein großes Geschäft abgeliefert. Nun aber musste Agnes in einer großen Näherei arbeiten und in einem großen gemeinschaftlichen Arbeitssaale mit Frauenspersonen von teilweise recht leichten Sitten tagsüber zusammen sein. Ihre keusche Jungfräulichkeit empörte sich über die Art mancher Gespräche und über die Umgangsformen gegenüber den männlichen Betriebsleitern. Klagen und Beschwerden machten die Sache nur noch schlimmer. Bei ihrer hübschen Erscheinung wurde sie bald der Gegenstand unausgesetzter Nachstellungen seitens eines der Betriebsleiter. Schroffe Zurückweisungen suchte derselbe durch Schikanen aller Art im Arbeitsverhältnis zu rächen. — Ähnliches mag ja auch früher in solchen Verhältnissen vorgekommen sein. Aber damals war wenigstens eine Rettung durch einen Wechsel der Arbeitsstätte möglich. Heute aber betrachten manche Betriebsleiter die Arbeiterinnen fast wie wehrlos ihnen überlieferte Sklavinnen. Die höheren Beamten haben davon Kenntnis, aber sie selbst treiben es vielfach nicht besser in solcher Ausnutzung ihrer Machtstellung und beurteilen deshalb Klagen und Beschwerden, welche an sie gelangen, sehr nachsichtig. Da bleibt denn den Anverwandten oder Verlobten der in ihrer Ehre bedrohten jungen Mädchen kaum etwas anderes übrig, als zur Notwehr zu schreiten. Schwere Misshandlungen, Mord und Totschlag sind, wie wir in unseren Konferenzen der Kontrolleure täglich erfahren, die Folge solcher Zustände.

Agnes, die vaterlose Waise, hat in Berlin keinen Beschützer. Die Klagebriefe der Braut brachten Franz in Leipzig zur Verzweiflung und förderten den Entschluss bei ihm zur Reife, mit der Ausführung des Fluchtplanes nicht länger zu zögern. Agnes wünschte dies jetzt selbst auf das dringendste. Meine Frau half in den letzten Nächten die Reisekleider beschaffen und alles vorbereiten.

So war der entscheidende Sonntag herangekommen, über dessen Ausgang wir so lange in qualvoller Ungewissheit blieben. Endlich, nach fast acht Tagen, wurde derselben ein Ende gemacht. Es traf ein Brief der beiden von der englischen Küste ein. Sie hatten sich nicht auf dem dänischen Postschiff befunden. Der Fischer, bei dem die beiden in Saßnitz eine Unterkunft gefunden hatten, war ein entfernter Verwandter meiner Frau. Die dortige Strandbevölkerung ist gegen die neue Ordnung überaus feindselig gestimmt, weil dieselbe ihnen den bisherigen reichen und bequemen Verdienst von den Badegästen geraubt hat. Denn die sozialisierte Gesellschaft gestattet Badereisen nur solchen, welchen sie nach Prüfung durch eine ärztliche Kommission ausdrücklich verordnet ist.

Unser umsichtiger Fischer widersetzte sich dem Vorhaben des Paares, eines der Postschiffe, auf welche in letzter Zeit besonders scharf gewacht wird, zur Flucht zu benutzen. Der Fischer fuhr die beiden zu der Zeit, als gerade die Aufmerksamkeit der Grenzwache dem Postschiff zugewendet war, auf seinem Fischerkahn bis auf die Höhe von Stubbenkammer in die See hinaus und brachte sie dort glücklich an Bord eines vorüberfahrenden von Stettin zurückkehrenden englischen Frachtdampfers. Die Engländer, deren Handel durch die neue Ordnung in Deutschland sehr benachteiligt wird, sind stets gern dabei, der sozialdemokratischen Regierung durch Aufnahme flüchtiger Auswanderer ein Schnippchen zu schlagen. So sind denn Agnes und Franz nach kurzer Überfahrt glücklich nach England gelangt und befinden sich heute bereits auf der Überfahrt nach New York.

Die armen Kinder! Was haben sie ausgestanden! Und erst meine gute Frau, welche alle ihre Sorgen und Gedanken so lange vor mir in ihrer Brust verschlossen hat! Was kann ich im Leben noch tun, um ihr in Liebe alle diese mütterliche Aufopferung zu vergelten!

22. WIEDERUM KANZLERWECHSEL

Die Misstimmung auf dem Lande hat ihren Höhepunkt erreicht durch die Nachricht von den Musikaufführungen auf den öffentlichen Plätzen Berlins und von den unentgeltlichen Theateraufführungen hierselbst. In allen kleinen Nestern verlangt man unter Berufung auf die soziale Gleichheit und die gleiche Entschädigungspflicht für gleiche Arbeit dieselben Volksbelustigungen aus dem allgemeinen Volkssäckel hergestellt zu sehen. Ohnehin müssten schon die Dorfbewohner der Gasbeleuchtung, der elektrischen Lampen und der Luftheizung entbehren.

Der „Vorwärts" suchte durch anmutige Schilderungen über die Vorzüge des Landlebens, idyllische Betrachtungen über den Naturgenuss und die frische Luft zu beruhigen. Das wurde als Ironie genommen. Wo bleibt denn bei Regenwetter und an langen Winterabenden der Naturgenuss? Wo in den engen Wohnungen und in den Ställen auf dem Lande die frische Luft? So murrte man in Eingesandts. – Früher war es doch auch nicht anders gewesen, wurde entgegnet. – Gewiss, aber früher konnte jedermann, dem es auf dem Lande nicht passte, in die Stadt ziehen. Nun aber, wo der Landbewohner an die Scholle gefesselt ist so lange, bis es der Obrigkeit gefällt, ihn zu versetzen, müsse man auf dem Lande alles vom Staate verlangen, was in den Städten geboten wird, denn: Gleiches Recht für alle!

Der Kanzler wusste sich nicht zu helfen. Regieren ist freilich etwas schwieriger als Stiefel wichsen und Kleider reinigen. Die Einrichtung der Volksbelustigungen war das einzige gewesen, was er durchgeführt hatte. Aber beim besten Willen konnte er doch nicht an jedem Kreuzweg eine Musikkapelle, einen Zirkus und ein Spezialitätentheater errichten lassen. Da kam er auf den Gedanken, an allen Sonntagen je einige hunderttausende Berliner zum Naturgenuss auf das Land und dafür ebenso viele Landbewohner zum Theatergenuss nach Berlin dirigieren zu lassen. Indessen war für die soziale Gleichheit leider das Wetter zu ungleich. Trat Regenwetter ein, so wollten die Berliner trotz ihrer bekannten Liebe zu Mutter Grün sich nicht auf nasse Landpartien einlassen, während die Landbewohner die Plätze der Berliner bei den Volksbelustigungen sehr gern einnahmen.

So musste denn der Kanzler, nachdem er gleichmäßig Berliner und Nichtberliner gegen sich aufgebracht hatte, seinen Platz räumen, damit nicht die Misstimmung über ihn die bevorstehenden Reichstagswahlen ungünstig beeinflusse. In Berlin ist natürlich das Missvergnügen über die Einstellung aller unentgeltlichen öffentlichen Lustbarkeiten nicht gering. Die Theater sind von jetzt ab wiederum nur gegen Entschädigung durch Abtrennung von Coupons auf den Geldzertifikaten zugänglich.

Zum Nachfolger des Kanzlers ist der bisherige Reichsschatzsekretär gewählt worden. Er gilt als ein schneidiger Draufgänger und soll daneben ein guter Rechenmeister sein. Das ist umso notwendiger, als allerlei gemunkelt wird über das mangelnde Gleichgewicht zwischen den Ausgaben und Einnahmen in unserer sozialisierten Gesellschaft.

23. AUSWÄRTIGE VERWICKLUNGEN

Die gesamte Kriegsflotte, welche uns die frühere Regierung hinterlassen hat, wird jetzt Hals über Kopf wieder aufgerüstet und in Dienst gestellt. Auch das stehende Heer, welches zur Aufrechterhaltung der Ordnung im Innern an den Grenzen zuletzt wieder auf die Stärke von 500 000 Mann gebracht war, erfährt auf Betreiben des neuen Reichskanzlers eine Erweiterung angesichts drohender auswärtiger Gefahren.

In der Rede vor dem gesetzgebenden Ausschuss, in welcher der Minister des Auswärtigen diese Maßnahmen befürwortete, weist derselbe darauf hin, dass leider die zunehmenden Reibungen, Verwicklungen und Zwistigkeiten mit dem Auslande zu solchen Sicherheitsmaßregeln zwingen. Dem auswärtigen Ministerium darf man deshalb keinen Vorwurf machen. Dasselbe hat in der sozialisierten Gesellschaft den gesamten Güteraustausch mit dem Auslande von Staat zu Staat zu vermitteln. Infolgedessen sind stets alle Klagen über mangelhafte Beschaffenheit oder unpünktliche Lieferung von Warensendungen im diplomatischen Notenwechsel zu erledigen. Spannungen über abgelehnte oder abgebrochene Geschäftsbeziehungen, oder über eine ärgerliche Konkurrenz, wie sie früher in privaten Handelskreisen auch unvermeidlich waren, übertragen sich jetzt auf die Beziehungen von Staat zu Staat. Das liegt einmal in der Natur der neuen Einrichtungen.

Aber das internationale sozialdemokratische Bewusstsein – so führte der auswärtige Minister mit Recht aus –, das Gefühl der Brüderlichkeit aller Völker sollte doch hierbei in ganz anderer Weise wirken. Freilich bei den Engländern, diesen egoistischen Manchesterherren, welche mit ihren Vettern, den Amerikanern, von der Sozialdemokratie durchaus nichts wissen wollen, kann solches nicht Wunder nehmen. Sie können es nicht verwinden, dass das sozialdemokratische Festland in Europa durch Annullierung aller Staatspapiere, Aktien u. s. w. sich auch von der Schuldknechtschaft gegenüber den englischen Besitzern solcher Schuldtitel des Kontinents befreit hat. Aber selbst diese hartgesottenen Geldmenschen müssten einsehen, dass Deutschland bei dieser Annullierung gegenüber dem Ausland weit mehr Milliarden verloren als gewonnen hat, da auch sämtliche im deutschen Besitz befindlichen russischen, österreichisch-ungarischen, italienischen u. s. w. Papiere von den dortigen sozialdemokratischen Regierungen für null und nichtig erklärt worden sind.

Freilich Dank wissen diese sozialdemokratischen Regierungen uns Deutschen auch nicht, dass wir im erhabenen Bewusstsein der internationalen Bedeutung der Sozialdemokratie die Aufhebung der Zinsansprüche aus unserem Besitz an ausländischen Papieren ohne Murren hingenommen haben. In ihrem rücksichtslosen Egoismus gehen diese sozialdemokratischen Regierungen neuerdings so weit, dass sie die Artikel, welche Deutschland von ihnen bedarf und die wir früher teilweise durch Hinübersendung unserer Zinscoupons beglichen, in der Regel nur gegen bar oder Zug um Zug gegen Austausch anderer Güter an uns ablassen wollen. Die Barzahlung machte ja unserer Regierung so lange keine Schmerzen, als wir noch die bei uns entbehrlich gewordenen Bestände an gemünztem und ungemünztem Gold und Silber zur Ausgleichung der Valuta hingeben konnten.

Nachdem wir aber dergestalt unser ganzes Edelmetall losgeworden sind, stoßen wir bei den sozialdemokratischen Nachbarstaaten nicht minder wie bei den Herren Engländern und Amerikanern auch noch auf große Schwierigkeiten, um unsere Fabrikate in gewohnter Weise an dieselben abzusetzen und dafür aus jenen Ländern unseren Bedarf einzutauschen an Getreide, Holz, Flachs, Hanf, Mais, Baumwolle, Wolle, Petroleum, Kaffee u. s. w. In der sozialisierten Gesellschaft ist gerade der Bedarf an solchen Artikeln nicht geringer geworden. Im Gegenteil! Die sozialdemokratischen Nachbarstaaten aber sagen, dass sie nach Einführung der sozialisierten Gesellschaft an deutschen Fabrikaten wie Putz- und Konfektionswaren, Stickereien, Plüschen und Schals, Handschuhen, Klavieren, feinen Glaswaren und dergleichen ganz und gar keinen Bedarf mehr haben. Ihre eigene Produktion sei nach Herstellung der sozialen Gleichheit für diese Artikel jetzt mehr als ausreichend.

Die Herren Engländer und Amerikaner aber in ihrer Feindseligkeit gegen die Sozialdemokratie werden nicht müde, uns zu versichern, dass die deutschen Fabrikate, insbesondere Eisenwaren und Textilwaren, ja sogar Strumpfwaren und Spielwaren bei der jetzigen neuen Fabrikationsweise so mangelhaft und nachlässig hergestellt werden, dass sie die früheren Preise nicht mehr anlegen und auf anderweitige Versorgung Bedacht nehmen wollen. Dabei kommt unsere Regierung bei den höheren Produktionskosten schon jetzt kaum mehr auf die Kosten. Alle Vereinbarungen in Betreff der internationalen Einführung eines Maximalarbeitstages sind gescheitert, da die sozialdemokratischen Regierungen in ihrem nationalen Egoismus vorgeben, dass in dieser Beziehung die Besonderheiten jedes Landes in Betreff des Klimas, des Volkscharakters u. s. w. maßgebend sein müssten.

Was soll unsere Regierung nun machen! Dass wir jetzt auch unsererseits nach der Sozialisierung der Gesellschaft vom Auslande keine Seide und keinen Wein mehr brauchen, kann doch den Milliardenausfall bei unserer Ausfuhr nicht decken. Kein Wunder daher, dass der diplomatische Notenwechsel tagtäglich einen gereizteren Charakter annimmt. Schon sind im Westen und Osten Anspielungen gefallen, dass Deutschland, wenn es seine Bevölkerung nicht mehr ernähren könne, doch an die Nachbarstaaten Landstriche abtreten möge. Ja, es wird sogar die Frage erörtert, ob nicht zur Deckung der aufgelaufenen Warenschulden Deutschlands an die Nachbarstaaten es sich empfehle, solche Landstriche in Pfandbesitz zu nehmen.

Die durch die Annullierung von deutschen Wertpapieren geschädigten Ausländer versuchen sich schadlos zu halten durch Beschlagnahme auf deutsche Waren und deutsche Schiffe, wo sie irgend solcher habhaft werden können. Die Begünstigung flüchtiger deutscher Auswanderer durch ausländische Schiffe gibt unausgesetzt zu gereizten Verhandlungen Veranlassung.

Kurzum, die Hoffnung, dass die Aufrichtung der Sozialdemokratie gleichbedeutend sei mit dem ewigen Völkerfrieden, droht in ihr Gegenteil sich zu verkehren. Der gesetzgebende Ausschuss werde deshalb – so schloss der Minister seine Darlegungen – der Notwendigkeit sich nicht verschließen können, die Kriegsflotte wieder herzustellen und zugleich eine Erhöhung des stehenden Landheeres auf eine Million Köpfe zu bewilligen.

24. WAHLBEWEGUNG

Nächsten Sonntag ist endlich Reichstagswahl. Man hat zweckmäßigerweise einen arbeitsfreien Tag dazu gewählt. Hängt doch in der sozialisierten Gesellschaft vom Ausgang dieser Wahl hundert Mal mehr ab als von den früheren Reichstagswahlen. Von der Ordnung des Staatswesens ist ja heute alles und jedes bedingt: wie viel der einzelne zu arbeiten, zu essen und zu trinken, wie er zu wohnen und sich zu kleiden hat u. s. w. u. s. w.

Das sieht man auch schon aus den Programmen und Wahlaufrufen. Die Zahl der Interessengruppen, welche mit Sonderwünschen hervortreten, ist Legion. Eine große Zahl von Programmforderungen betrifft Umgestaltungen des Küchenzettels, Vergrößerung der Fleischration, besseres Bier, stärkeren Kaffee (infolge der auswärtigen Verwicklungen soll jetzt fast nur Zichorienkaffee verabfolgt werden), größere Wohnungen, stärkere Heizung, reichlichere Beleuchtung, billigere Kleider, reinlichere Wäsche u. s. w. u. s. w.

Viele Frauen sind sehr ungehalten, dass ihre Forderung, in besonderen Wahlkreisen die Hälfte der Abgeordneten zu wählen, als ständisches reaktionäres Absonderungsgelüst zurückgewiesen worden ist. Bei der Verbindung mit den Männern zu gemeinschaftlichen Wahlkreisen fürchten die Frauen, dass viele ihrer Genossinnen den Männerkandidaten zufallen und sie in Folge dessen bei der Unzuverlässigkeit der Unterstützung ihrer Kandidatinnen von Seiten der Männer nicht viele weibliche Abgeordnete durchbringen werden.

Ein großer Teil der Frauen macht ohne Rücksicht auf Lebensalter gemeinsame Sache mit der Partei der „Jungen", welche tatsächlich nunmehr zur Sicherung ihrer Bundesgenossenschaft das Recht auf Verehelichung auf ihre Fahne geschrieben hat. Außerdem verlangen die „Jungen", welche sich unter Berufung auf die Schrift Bebels über die Frau als die eigentlichen Bebelianer ausgeben, einen vierstündigen Maximalarbeitstag, wöchentliche Abwechslung in der Berufsarbeit, allmonatliche neue und zwar alternierende Besetzung aller höheren Beamtenstellen bis einschließlich der Reichskanzlerwürde, außerdem vierwöchentliche Sommerferien mit Badereisen und Wiedereinführung unentgeltlicher

Volksbelustigungen. Die eigentliche Regierungspartei tritt sehr zuversichtlich auf, obwohl ihr Programm nicht über allgemeine Redewendungen hinauskommt. Sie fordert alle vorgenannten Parteien auf, als gute Patrioten sich nötigenfalls als große Ordnungspartei zusammenzuschließen gegen eine Partei der Negation und des Umsturzes, welche im Dunklen schleiche und sich unter dem verlockenden Namen einer Freiheitspartei einzuschmeicheln suche. Diese Freiheitspartei verlangt nämlich die Wiederherstellung des Rechts der Eltern zur Erziehung ihrer Kinder, Aufhebung der Staatsküchen, freie Berufswahl und Freizügigkeit, sowie höhere Belohnung für schwierigere Arbeit. Jedermann müsse einsehen, dass solche Forderungen die soziale Gleichheit zerstören und deshalb die Grundlage der sozialisierten Gesellschaft zu untergraben geeignet seien. Die Erfüllung jener Forderungen – so heißt es in einem Aufruf der Regierungspartei – würde zur Wiederherstellung des Privateigentums und des Erbrechts, zur Kapitalherrschaft und zum Ausbeutersystem der früheren Gesellschaft unbedingt zurückführen.

Der Vielheit der Programme und Wahlaufrufe entspricht durchaus nicht die geringe Lebhaftigkeit der Wahlbewegung. Letztere war in früherer Zeit viel stärker. Allerdings sind entsprechend den Beschlüssen des Erfurter Parteitages vom Oktober 1891 alle Gesetze, welche das Recht der freien Meinungsäußerung und die Vereinstätigkeit beschränken, abgeschafft. Aber was nützt die Pressefreiheit, wenn die Regierung im Besitz aller Druckereien ist, was hilft die Versammlungsfreiheit, wenn alle Versammlungslokale der Regierung gehören! Freilich dürfen die öffentlichen Versammlungslokale, im Falle sie nicht anderweitig vergeben sind, von allen Parteien zu Wahlversammlungen benutzt werden. Aber es fügt sich merkwürdigerweise sehr oft, dass gerade für die Oppositionsparteien keine Räumlichkeiten frei sind. Allerdings sind die Regierungsblätter zur Annahme von Wahlinseraten jeder Art verpflichtet, aber da bei der Einrichtung unserer Geldzertifikate überhaupt keine Wahlkomitees gesammelt werden können, so bestehen auch keinerlei Wahlfonds zur Bezahlung solcher Inserate und zur Bestreitung sonstiger Wahlkosten. Darin war die sozialdemokratische Partei in der früheren Gesellschaft unzweifelhaft viel besser bestellt. Sie verfügte über große Wahlfonds und verstand es, dieselben geschickt zu benutzen.

Die Oppositionsparteien klagen jetzt besonders darüber, dass sich nur sehr wenige Personen finden, welche es wagen, sich der Regierung gegenüber in der Opposition öffentlich herauszustellen, sei es als Reichstagskandidaten oder auch nur als Redner in Wählerversammlungen. Es ist ja richtig, dass jedermann ohne weiteres seitens der Regierung zu einem anderen Beruf oder an einen anderen Ort versetzt werden kann. Damit sind allerdings gerade für die älteren und reiferen Leute viele unter Umständen recht empfindliche Veränderungen in den Lebensverhältnissen verbunden. Freilich ist eine Beschwerde gegen eine willkürliche Versetzung statthaft. Aber wer vermag den Beweis zu führen, dass die Versetzung nicht erforderlich und gerechtfertigt war wegen Veränderungen in den Arbeitsverhältnissen, durch welche eine andere Verteilung der Arbeitskräfte bedingt wird.

Eine böse Gärung ergreift, wie wir in unseren Kontrolleurkonferenzen Tag für Tag erfahren, immer tiefer die Gemüter des Volkes in Stadt und Land. Man hat den Eindruck, als ob es nur eines leichten äußeren Anstoßes bedarf, um die Flamme einer gewaltsamen Erhebung im Sinne der Wiederherstellung der früheren Zustände hoch emporlodern zu lassen. Vom Lande her hört man bald hier, bald dort von gewaltsamen Zusammenstößen der zur Durchführung der sozialdemokratischen Ordnung aufgebotenen Truppen mit der Landbevölkerung. Selbst der Truppen ist die Regierung nicht überall sicher. Berlin hat deshalb trotz der großen Heeresverstärkungen noch keine Garnison wieder erhalten. Dagegen ist die Schutzmannschaft, welche nach Möglichkeit durch zuverlässige Sozialdemokraten aus dem ganzen Lande ergänzt wird, jetzt auf 30 000 Mann gebracht worden. Abgesehen von den berittenen Mannschaften sind der Schutzmannschaft jetzt auch Artillerie und Pioniere zugeteilt worden.

Die Reichstagswahl findet allerdings durch Stimmzettel statt, welche obrigkeitlich abgestempelt sind und in geschlossenem Kuvert überreicht werden. Aber bei der alle Lebensverhältnisse durchdringenden Organisation der Regierung, der Öffentlichkeit des ganzen Lebens, dem Kontrollsystem, welchem jeder Einzelne untersteht, scheinen sich viele trotz der Undurchsichtigkeit der Zettel nicht zu trauen, nach eigener Überzeugung abzustimmen. Früher war dies ja mit der Beamtenschaft in manchen Orten ähnlich. Jetzt aber ist jedermann Angestellter des Gemeinwesens.

Das Wahlergebnis ist deshalb durchaus ungewiss. Kommt wirklich der Volkswille zum Ausdruck, so erhalten wir einen Reichstag im Sinne der Wiederherstellung der früheren Ordnung. Überwiegt dagegen die Furcht, so wird der Reichstag ein blindes Werkzeug in den Händen der Regierung sein.

Ich selbst weiß noch nicht, wie ich stimmen werde. Ich fürchte, dass man wegen der Flucht meines Sohnes mir ohnehin schärfer aufpasst. Vielleicht gebe ich einen weißen Zettel ab.

25. TRAUERKUNDE

Annie, unser gutes, herziges, kleines Mädchen, ist tot! Kann man es fassen, dass plötzlich starr und leblos das kleine Wesen daliegt, welches immer so fröhlich und munter um uns herumsprang, verstummt der Mund, der so herzlieb plauderte, gebrochen die Augen, die in so hellem Glanze strahlten, wenn hier auf diesem runden Tische das Weihnachtsbäumchen für sie strahlte, oder dort auf der Kommode ihr Geburtstagskuchen mit dem Lichtchen erglänzte?

Und gerade heute ist ihr Geburtstag. Meine arme Frau war vormittags in das Kinderheim gegangen, um zu versuchen, ob sie an diesem Tage ihr Kind wenigstens für einen Augenblick sehen könne. Fröhlichen Herzens und lächelnden Mundes fragt sie nach dem Kinde. Da nach einer Pause – sie musste Namen und Wohnung wiederholen – schneiden ihr die kalten Worte in das Herz, das Kind sei über Nacht an der Bräune gestorben, die Mitteilung wäre soeben an die Eltern abgesandt worden.

Meine Frau sinkt starr auf einen Stuhl zurück, dann aber gibt ihr die Mutterliebe übermenschliche Kraft, sie kann es nicht fassen, dass Annie, ihr Kind, gestorben sein soll, es wird, es muss ein Irrtum sein. Sie stürzt der Aufseherin nach in den Leichenkeller. Da liegt das arme Würmchen in seinem langen roten Nachtröckchen. Alles Anrufen, Küssen und Klagen der Mutter vermag es nicht aufzuwecken.

Wie das alles so rasch gekommen ist bei der tückischen Krankheit, wer vermag es zu sagen? Eine Erkältung war vorhergegangen, wahrscheinlich über Nacht. Das Kind strampelte sich ja auch bei uns nachts immer bloß, aber dort wachte kein Mutterauge sorgsam neben dem Bettchen jedes einzelnen unter den Hunderten von kleinen Wesen. Die vorgeschriebene Ventilation bringt stets einen frischen Luftzug in die Schlafstube. Vielleicht war auch das Kind beim Baden nicht rasch und sorgsam genug abgetrocknet, es muss ja in solchen großen Anstalten gar manches etwas summarisch besorgt werden. Vielleicht auch hat die veränderte Ernährungsweise das Kind schwächer und daher empfindlicher gemacht, als es bei uns zu Hause war. Doch was hilft uns jetzt alles Nachforschen und Grübeln; unsere teuere Annie kann dadurch nicht wieder lebendig werden. Wie wird meine teuere Frau solches Leid überstehen? Sie war so erschüttert und gebrochen, dass sie aus dem Kinderheim zu Wagen direkt in die Krankenanstalt übergeführt werden musste. Ich selbst kam erst später hinzu. Annie war unser Nesthäkchen, ein Spätling, als einzige Tochter nach den Jungen. Was alles haben wir von dem Kinde gehofft und geträumt, wenn es erst erwachsen sein würde.

Ernst, der gute Junge, soll es erst morgen durch mich erfahren. Großvater darf es gar nicht wissen; er hatte Annie seit Mutters Geburtstag nicht mehr gesehen. Nun kann er ihr nicht mehr Geschichten erzählen, wie so oft, wenn sie auf seinem Schoße saß und immer wieder aufs Neue von Rotkäppchen und dem Wolf zu hören verlangte. Franz und Agnes in ihrem Amerika haben natürlich keine Ahnung. In zehn Tagen werden sie erst meinen Brief erhalten. Franz liebte seine kleine Schwester so zärtlich. Fast jedesmal brachte er ihr etwas mit, wenn er von der Arbeit heimkehrte. Das wusste der kleine Schelm und stürmte ihm schon auf der Treppe entgegen, sobald er Franz kommen hörte oder sah. Vorbei, alles vorbei mit so manchem anderen innerhalb einiger Monate.

26. DAS WAHLERGEBNIS

Bei so viel Herzleid erscheint alles Politische gleichgültig und schal. Wenn die Gegenwart schweren Kummer auferlegt, verblasst die Sorge um eine entferntere Zukunft.

Franz hat in der Schätzung des Wahlergebnisses Recht behalten. Er meinte in seinem letzten Brief, dass in einer Gesellschaft, worin es keine persönliche und wirtschaftliche Freiheit des einzelnen mehr gibt, auch die freieste Staatsform keine politische Selbständigkeit mehr ermögliche. Wer derart in allen seinen persönlichen Lebensbeziehungen von der Regierung abhängig ist, wie es jetzt bei uns für die gesamte Bevölkerung zutrifft, vermag nur in den seltensten Fällen die moralische Kraft zu gewinnen, auch nur durch einen geheimen Stimmzettel eine den zeitigen Machthabern unerwünschte politische Wahl zu betätigen. So wenig wie für Soldaten in der Kaserne und für Sträflinge im Gefängnis könne das politische Wahlrecht in unserer sozialdemokratischen Gesellschaftsordnung eine ernsthafte Bedeutung haben.

Es ist richtig, die Regierungspartei hat ohne besondere Anstrengungen – nur etliche offenbar aus politischen Gründen zur Statuierung von Beispielen vorgenommenen Versetzungen von Führern der „Freiheits-Partei" und der Partei der „Jungen" wirkten einschüchternd – trotz aller herrschenden Misstimmung über zwei Drittel der abgegebenen Stimmen erhalten.

Ich selbst habe unter der Wucht des Schicksalsschlages, welcher meine Familie betroffen, entgegen meiner ursprünglichen Absicht für die Regierungspartei gestimmt. Denn was sollte aus mir und meiner Frau werden, wenn wir in unserer jetzigen Gemütsverfassung noch von einander getrennt würden durch eine Versetzung meiner Person in irgendeinen entlegenen Provinzialort.

Seltsam ist es, dass gerade auf dem Lande, wo die größte Misstimmung herrscht, die meisten Stimmen für die Regierung abgegeben worden sind. Freilich traut man sich dort, wo jeder einzelne noch mehr kontrolliert werden kann als in der dichtgedrängten Bevölkerung einer Großstadt, mit der selbständigen Kundgebung einer oppositionellen Ansicht bei solcher Gelegenheit weniger heraus. Auch haben hier gerade in den unruhigsten Bezirken die letzten militärischen Maßnahmen sehr einschüchternd gewirkt.

In Berlin selbst ist die Regierungspartei in der Minderheit geblieben, so dass, da Berlin unter dem Proportionalwahlsystem nur einen einzigen Wahlkreis bildet, die Mehrheit der Berliner Abgeordneten der Opposition in der „Freiheitspartei" angehört.

Die „Jungen" haben schlecht abgeschnitten und trotz der starken Unterstützung der Frauenpartei für allgemeines Verehelichungsrecht nur einen einzigen Kandidaten durchgebracht. Die Stimmung im Volke ist offenbar nirgendwo mehr für einen weiteren Ausbau des sozialdemokratischen Staatswesens. Auch der einzige Abgeordnete aus der Partei der „Jungen" ist nur gewählt worden, weil die Partei der Freiheitsfreunde ihn wegen seines persönlichen schneidigen Auftretens gegen die Regierung in der Wahl unterstützen zu müssen glaubte.

Die Partei der Freiheit oder der Freiheitsfreunde hat, durch das ganze Land gerechnet, nahezu ein Drittel der Stimmen erlangt, trotzdem sie von der Regierungspartei als Partei des Umsturzes und der Untergrabung der gesellschaftlichen Ordnung in jeder Weise zu ächten gesucht wurde. Die Partei verdankt diesen relativen Erfolg wesentlich der Unterstützung der weiblichen Wähler, welche sich überhaupt an der Wahl weit stärker als die Herren vom stärkeren Geschlecht beteiligten und aus ihrer Erbitterung über die herrschenden Zustände, insbesondere über die Beschränkung der Häuslichkeit und des Privatlebens kein Hehl machten.

Insbesondere war seit Einführung der täglichen Kündigungsfristen für die ehelichen Verbindungen die große Zahl der eheverlassenen Frauen am Wahltage überaus tätig im Stimmzettelverteilen und Heranholen säumiger Wähler zur Urne.

Von Damen ist nur eine einzige in den Reichstag gewählt worden, nämlich die Gattin des neuen Reichskanzlers. Diese Dame rechnet sich nicht zur Regierungspartei, sondern hat sich als „wild" bezeichnet. Sie hat in ihrer öffentlichen Wahlrede versichert, dass, wie sie bisher es schon in der Häuslichkeit ihrem jetzigen und früheren Gatten gegenüber gewohnt gewesen sei, sie auch im Reichstag offen und frei die Wahrheit sagen werde, wenn dies nach ihrer selbständigen Überzeugung das Interesse des Volkes erheischt. Die Regierungspartei glaubte diese Wahl der Gattin des Reichskanzlers nicht bekämpfen zu dürfen, teils aus Courtoisie, teils um an dieser Wahl die Gleichberechtigung der Frauen praktisch zu demonstrieren.

27. EIN GROSSES DEFIZIT

Allmonatlich eine Milliarde oder 1 000 000 000 Mark mehr Ausgaben als Einnahmen, mehr Konsumtion als Produktion im Volkshaushalt, das ist die schlimme Botschaft, mit welcher der Reichskanzler den neuen Reichstag eröffnet hat. Ein Wunder, dass es noch gelungen ist, diese Tatsache bis nach den Wahlen geheim zu halten. Für die Klarstellung und Abhilfe aber ist es jetzt die höchste Zeit.

Freilich zu merken war es schon seit langer Zeit an allen Ecken und Enden, dass es nicht stimmte. Wollte man für sein Geldzertifikat etwas kaufen, so hieß es nur zu oft, der Vorrat davon sei eben ausgegangen und würde erst in einiger Zeit ergänzt werden können. In Wahrheit aber war nicht die stärkere Nachfrage, wie sich jetzt herausstellt, sondern die Abnahme der Produktion schuld daran. Es war sogar schwer, sich für Ersparnisse auf dem Geldzertifikat auch nur die notwendigsten Kleidungsstücke zu erneuern. Bei anderen Bedarfsartikeln musste man mit erschrecklichen Ladenhütern fürlieb nehmen, wenn man überhaupt etwas bekommen wollte. Die Preise für die aus dem Auslande bezogenen Artikel wie Kaffee, Petroleum, Reis waren nachgerade kaum mehr zu erschwingen.

Auch sonst hat wahrlich die Bevölkerung nichts weniger als in Saus und Braus gelebt. Für das Mittagessen ist zwar nach wie vor die Fleischration auf 150 Gramm verblieben; indessen scheinen Änderungen in Bezug auf Einrechnung von allerhand Abfällen auf die Gesamtheit der Portionen stattgefunden zu haben. Auch hat sich der Gemüseetat sehr vereinfacht und ist auf Erbsen, Bohnen, Linsen und Kartoffeln eingeschränkt. Am Bebeltage ist die erwartete größere Fleischportion und ein unentgeltliches Glas Bier ausgeblieben. Sogar bei den Gewürzen scheint immer mehr gespart zu werden. Vielfach hört man über die Geschmacklosigkeit und Fadheit der Speisen klagen, was Ekel erzeugt, der selbst durch starkes Hungergefühl sich nicht überwinden lasse. Von Erbrechen und Darmkatarrh war bei den Mahlzeiten immer mehr die Rede.

Obwohl nach den vorhandenen Anzeichen sich annehmen lässt, dass trotz der starken Auswanderung die Bevölkerung in Folge der Gewährleistung freier Kindererziehung von Seiten des Staates einem rapiden Zuwachs entgegensieht, werden neue Wohnhäuser selbst in Berlin nicht mehr gebaut. Sogar die notwendigsten Reparaturen werden vielfach hinausgeschoben. Von Meliorationen, Erneuerungen der Maschinen und Geräte oder von Erweiterungen von Betriebs- und Produktionsanlagen oder neuen Verkehrswegen hört man nirgends etwas.

Die Vorräte für die Konsumtion scheinen auf ein Minimum zusammengeschmolzen zu sein. Nur an Artikeln, nach denen wenig oder gar nicht verlangt wird, ist noch erheblicher Vorrat; außerdem bei allen jenen Waren, die früher in das Ausland verkauft wurden und jetzt dort, namentlich in den sozialdemokratischen Staaten, keinen Absatz mehr finden, so namentlich an Putzwaren, Stickereien, Handschuhen, Wein, Seidenwaren, Klavieren, Plüsch u. s. w. Alle diese Waren werden deshalb im Inland weit unter dem Kostenpreis abgegeben, nur um damit zu räumen.

Trotz alledem scheint das Defizit gerade in den letzten Monaten eher größer als kleiner geworden zu sein. Sogar die Vorräte von Rohstoffen und Hilfsstoffen beginnen nicht mehr auszureichen, um auch nur den regelmäßigen Fortgang der Produktion zu sichern. Das Ausland überlässt jetzt nirgendwo mehr Waren auf Kredit an Deutschland, sondern nur im Umtausch der Gegenwerte, Zug um Zug.

Man kann dabei nicht einmal behaupten, dass die Regierung leichtsinnig die Konsumtion geregelt hat. Sie hatte, wie es in der Botschaft zur Eröffnung des Reichstags heißt, ziemlich genau ermittelt, dass der Wert der gesamten Produktion an Gütern und Dienstleistungen in Deutschland unmittelbar vor der Umwälzung sich einschließlich der schon damals vorhandenen Produktionszweige der Gemeinwesen auf 17 bis 18 Milliarden Mark jährlich belief. Die Regierung hatte eine Steigerung des Produktionswerts als Folge der neuen Organisation gar nicht einmal in Rechnung gestellt, sondern war nur davon ausgegangen, dass auch bei Einführung des achtstündigen Maximalarbeitstages sich der bisherige Produktionswert erreichen lasse. Diese Annahme war der Berechnung der zulässigen Konsumtion zugrundegelegt. Dabei konnte denn allerdings schon bisher die Mehrheit der Bevölkerung trotz aller

Einschränkung in der persönlichen und wirtschaftlichen Freiheit nicht besser, sondern nur schlechter gestellt werden, als vor der großen Umwälzung.

Und nun stellt sich heraus, dass der Produktionswert gegen früher auf ein Drittel, also jährlich von 18 auf 6 Milliarden oder monatlich von 1½ auf ½ Milliarde in der sozialisierten Gesellschaft zurückgegangen ist. Es wird also in jedem Monat eine Milliarde untergezehrt. Das ergibt in vier Monaten schon so viel Verlust, wie im großen französischen Kriege seiner Zeit Frankreich an Kontribution an Deutschland abführen musste.

Wo soll das hinaus und wie ist Abhilfe möglich! Die Spannung auf die nächste Reichstagssitzung, in welcher der Kanzler die Ursachen des Defizits klarlegen will, ist eine überaus große.

28. FAMILIENNACHRICHTEN

Immer bin ich noch einsam und allein in meiner Wohnung, wie es seit meiner Junggesellenzeit nicht mehr der Fall war.

Noch immer weilt meine arme Frau in der Krankenanstalt. Der Arzt hat mich indes gebeten, die Besuche daselbst auf das Äußerste einzuschränken, um jede Aufregung bei ihr möglichst zu vermeiden. Denn sieht sie mich, so fällt sie mir leidenschaftlich um den Hals, als sei ich soeben erst nach den furchtbarsten Lebensgefahren ihr wieder zurückgegeben. Nachher gibt es wieder die aufregendsten Szenen, bevor sie sich von mir trennen kann und mich nach Hause entlässt. Je lebhafter sie nach unseren Gesprächen in ihren Gedanken sich mit mir und den anderen Familienmitgliedern beschäftigt, desto mehr steigert sich bei ihr das Gefühl der Angst und Sorge um uns. Sie wähnt uns allerlei schlimmen Verfolgungen und Gefahren ausgesetzt, fürchtet uns nimmer wiederzusehen. Die Erschütterung des Gemütes durch den Tod unserer Tochter und die Vorgänge bei der Flucht von Franz und Agnes ist noch immer nicht überwunden.

Ich wollte darüber unseren früheren Hausarzt, dem ihr Sein und Wesen genau bekannt ist, und der sie seit unserer Verheiratung ärztlich behandelt hat, um Rat fragen. Der Arzt kam soeben von einem jugendlichen Selbstmörder zurück, den er sich vergebens bemüht hatte, wieder ins Leben zurückzurufen. Er musste aber zu seinem Leidwesen bedauern, dass soeben sein achtstündiger Maximalarbeitstag abgelaufen sei. Deshalb könne er beim besten Willen und bei aller Freundschaft für uns keinen ärztlichen Rat heute mehr erteilen. Er ist schon zweimal von einem jüngeren Kollegen, der eine dem Maximalarbeitstage entsprechende ärztliche Tätigkeit durch Ablieferung von Coupons zur Staatsbuchhalterei nicht nachweisen konnte, wegen Überschreitung der Arbeitszeit denunziert und infolgedessen wegen Überproduktion hart bestraft worden.

Der alte Herr ließ sich aus Anlass seines heutigen Falles mit mir in ein Gespräch ein über die erschreckliche Zunahme der Selbstmorde in der sozialisierten Gesellschaft. Ich fragte ihn, ob etwa eine unglückliche Liebe Schuld sei an dem heutigen Fall. Das verneinte er bestimmt, obwohl solche Fälle jetzt ebenso wie früher vorkämen. Denn es kann doch auch jetzt von Staats wegen niemand verhindert werden, Körbe auszustellen. Der alte Herr, der früher Militärarzt war, suchte die Zunahme der Selbstmorde anders zu erklären. Er sagte, dass auch beim Militär die Selbstmorde zu einem erheblichen Teil davon herrührten, dass manche junge Leute, obwohl es ihnen an zureichender Nahrung, Kleidung und Wohnung nicht mangelt, sich in den ungewohnten Zwang der militärischen Verhältnisse durchaus nicht zu schicken vermöchten. Und dabei hatten dieselben noch Aussicht, in zwei oder drei Jahren wieder entlassen zu werden und zu der gewohnten Freiheit im Tun und Handeln zurückzukehren. Man darf sich darum nicht wundern, so meinte er, dass jetzt die aus den neuen Organisationen der Produktion und Konsumtion folgenden großen und dabei lebenslänglichen Beschränkungen der persönlichen Freiheit zusammen mit der sozialen Gleichheit bei vielen Personen, und darunter nicht den schlechtesten, den Reiz des Daseins bis zu einem Grade vermindern, welcher sie zuletzt den Selbstmord als den einzigen Ausweg betrachten lässt, um diesem Zwang eines öden, gleichförmigen, durch keine Energie ihres Willens abänderlichen Daseins zu entrinnen. Der alte Herr mag so Unrecht dabei nicht haben.

Von Franz und Agnes aus Amerika gute Nachricht. Der einzige Lichtpunkt in meinem Dasein. Sie haben bereits das Kosthaus in New York, welches sie unmittelbar nach ihrer Verheiratung bezogen, verlassen und sich eine eigene, wenn auch recht beschränkte Häuslichkeit einrichten können. Franz ist in Anerkennung seiner tüchtigen Leistung und seiner Solidität Faktor in einer nicht unbedeutenden Druckerei geworden. Agnes arbeitet für ein Putzgeschäft, dessen Verdienst sich in Amerika außerordentlich gehoben hat, seitdem die deutsche Konkurrenz in Putzwaren für Amerika leistungsunfähig geworden ist. Durch Sparsamkeit gelingt es ihnen, ein Stück nach dem anderen für ihre neue Häuslichkeit zu beschaffen. Franz hat sich über den Tod seiner kleinen Schwester sehr gegrämt und dringt in mich, Ernst zu ihm herüberzusenden. Er will für denselben auf jede Weise sorgen.

Ernst dauert mich in der Erziehungsanstalt aus tiefster Seele. Man hört aus diesen Anstalten überhaupt nur Ungünstiges, namentlich aus denen, in welchen sich die reiferen jüngeren Leute im

Alter von 18 bis 21 Jahren befinden. Sie wissen, dass, wenn sie das 21. Lebensjahr erreicht haben, sie, gleichgültig, was und wie viel sie gelernt haben, an der Staatskrippe dieselbe gleichmäßige für alle bestimmte Ration vorfinden und es in keinem Falle darüber hinaus zu etwas bringen können. Auch ob sie sich mit Lust und Liebe für einen Beruf vorbereitet haben, gewährt ihnen nicht die mindeste Sicherheit, diesem oder auch nur einem verwandten Beruf demnächst zugeteilt zu werden. So benutzen sie denn fast ausnahmslos die ihnen zur Ausbildung gewährte Zeit zu Ausschweifungen der verschiedensten Art, so dass letzthin Bestimmungen zu ihrer Kontrolle ergangen sind, wie sie nicht schärfer für Sträflingsschulen erlassen werden können.

Trotzdem wage ich nicht, Ernst den Gedanken einer Flucht nahezulegen. Selbst wenn ich einen Weg wüsste, den Jungen auf ein ausländisches Schiff zu spedieren, und Franz die Überfahrtskosten irgendwie sicherstellen könnte, so kann ich doch ohne Zustimmung meiner Frau nicht einen Schritt tun, der für das Lebensschicksal unseres unmündigen Sohnes von so entscheidender Bedeutung ist. Für meine Frau aber könnte bei ihrem jetzigen Zustande eine solche Mitteilung der Tod sein.

29. EINE STÜRMISCHE REICHSTAGSSITZUNG

Seit der Verhandlung über die Sparkassengelder war ich nicht mehr im Reichstagsgebäude am Bebelplatz gewesen. Damals hatten die allgemeinen Neuwahlen noch nicht stattgefunden, und es waren daher die sozialdemokratischen Abgeordneten aus der Zeit vor der großen Umwälzung noch unter sich, da man alle anderen Mandate als angeblich aus der Kapitalsherrschaft hervorgegangen für null und nichtig erklärt hatte. Heute füllten die neu gewählten Gegner der Sozialdemokratie die ganze linke Seite des Reichstagssaales aus, also etwa ein Drittel sämtlicher Plätze.

Die einzige aus den Neuwahlen hervorgegangene Dame, die Gattin des Reichskanzlers, hatte ihren Platz in der Mitte der vordersten Reihe eingenommen. Dieselbe, eine stattliche, energisch dreinschauende aber etwas kokett aufgeputzte Dame, folgte der Rede ihres Gatten mit lebhafter Aufmerksamkeit, bald beifällig nickend, bald das mit roten Schleifen geschmückte Lockenhaupt schüttelnd.

Unter dem Eindruck der Nachrichten von dem großen Milliardendefizit hatte sich offenbar der Regierungspartei eine gewisse Niedergeschlagenheit bemächtigt, während die antisozialdemokratische Opposition, die Freiheitspartei, sich in ihren Kundgebungen sehr munter zeigte. Die Tribünen waren dicht besetzt, namentlich von Frauen, so dass kein Apfel zur Erde fallen konnte. Es herrschte unter den Zuhörern ersichtlich eine aufgeregte Stimmung.

Tagesordnung: Übersicht über den Volkshaushalt. In der Diskussion, welche sich über die Ursachen des Milliardendefizits entspann, und die ich mich bemühe, hier auszugsweise wiederzugeben, ergriff zunächst das Wort

Der Reichskanzler: Die Tatsache einer Verminderung der Produktionswerte in Deutschland um zwei Drittel, verglichen mit der Produktion vor der großen Umgestaltung der Gesellschaft, soll man nicht beweinen und nicht belachen, sondern gut zu verstehen trachten. In erster Reihe sind daran Schuld die Feinde unserer sozialisierten Gesellschaft (der Abgeordnete für Hagen, links: Nanu!) Jawohl, Herr Abgeordneter, zur Durchführung der Ordnung nach innen haben wir die Polizeikräfte mehr als verzehnfachen, zur Unterstützung der Polizei zur Verhinderung der Auswanderung und Sicherung gegen das Ausland das stehende Heer und die Flotte gegen früher verdoppeln müssen. Sodann hat die Annullierung der Wertpapiere in den sozialdemokratischen Staaten Europas auch für das dort angelegte deutsche Kapital die Zinsansprüche aufgehoben und damit eine Verminderung der Einnahmen herbeigeführt. Unser Absatz im Ausland ist infolge der Umgestaltung der Gesellschaft in den sozialisierten Staaten und infolge der Abneigung der übrig gebliebenen Bourgeoisstaaten gegen die sozialdemokratische Produktionsweise ganz außerordentlich zurückgegangen. An diesen Ursachen wird sich in Zukunft nicht viel ändern lassen.

In zweiter Reihe erwähnte ich als Ursache der Mindererträge in der Produktion die Entbindung der jungen und alten Leute von der Arbeitspflicht (Hört, hört! links) und die Verkürzung der Arbeitszeit (Unruhe rechts). Auch das Verbot jeder Akkordarbeit hat offenbar zu einer Verminderung der Produktion beigetragen (Hört, hört! links). Infolge der demoralisierenden Nachwirkungen der früheren Gesellschaft (Oho! links) ist leider das Bewusstsein der Arbeitspflicht als unentbehrliche Grundlage der sozialisierten Gesellschaft noch nicht in solchem Umfange vorhanden (Unruhe rechts), dass wir auf eine Ausdehnung des Maximalarbeitstages bis auf zwölf Stunden, wie wir sie Ihnen vorschlagen wollen, glauben verzichten zu können (Sensation). Außerdem werden wir jedenfalls bis auf Wiederherstellung der Bilanz die Arbeitspflicht für alle Personen vom 14. Lebensjahre bis zum 75. statuieren müssen statt bisher vom 21. bis 65. Jahre (Hört, hört! links), wobei wir uns indessen vorbehalten wollen, talentierten jüngeren Personen Erleichterungen zur Ausbildung und altersschwachen Personen Erleichterungen zur Erhaltung ihres Gesundheitszustandes zu gewähren.

Sodann wird eine vereinfachte und weniger kostspielige Ernährungsweise als bisher (Unruhe rechts) erheblich beitragen können zur Verminderung unseres Defizits. Neuere sorgfältigere Untersuchungen haben nämlich dargetan, dass bei entsprechender Erhöhung der Gemüse- und Kartoffelportionen bei dem Mittagsmahl als Fleischration statt 150 Gramm auch 50 Gramm Fleisch oder Fett pro Kopf ausreichen dürften. (Abgeordneter für Hagen: In Plötzensee!) Präsident: Herr Abgeordneter, ich bitte Sie, die Zwischenrufe zu unterlassen (Beifall rechts). Reichskanzler fortfahrend: Es gibt ja bekanntlich sehr viele ehrenwerte Personen, die Vegetarier meine ich, welche den Fleischgenuss überhaupt nicht nur für entbehrlich, sondern für geradezu schädlich für den menschlichen Organismus betrachten (Unruhe rechts).

Vor allem aber trachten wir große Ersparnisse zu erzielen, indem wir in folgerichtigem weiteren Ausbau der sozialen Gleichheit engere Grenzen ziehen dem individualistischen Belieben und damit dem blinden Walten von Angebot und Nachfrage, welches auch gegenwärtig noch ebenso die Produktion erschwert wie die Konsumtion verteuert. Die Gesellschaft produziert beispielsweise Lebensmittel, Hausgeräte, Kleidungsstücke, aber die Nachfrage richtet sich in eigensinniger Laune – nennen wir es nun Geschmack, Mode oder wie sonst – (Abgeordnete Frau Reichskanzler: Oh, oh! – Der Reichskanzler hält inne und sucht durch ein Glas Wasser seiner sichtlichen Erregung über den Zwischenlaut Herr zu werden). Ich sage, die launische Mode richtet sich jetzt nur zu oft nicht auf die bereits produzierten Artikel dieser Art, sondern gerade auf solche, welche bis dahin wenig oder gar nicht produziert worden sind. Die von der Gesellschaft angebotenen Vorräte werden in Folge mangelhaften Absatzes Ladenhüter, verderben, kurzum erfüllen nicht ihren Zweck, nur weil es den Herren und Damen X. Y. Z. anders gefällt. Oder ist es etwa gerechtfertigt, den individualistischen Neigungen dieser Personen darin nachzugeben, dass man ihnen verschiedene Waren für denselben Zweck der Ernährung, Wohnung und Bekleidung zur Verfügung stellt, damit Herr und Frau X. sich anders nähren, wohnen und kleiden können, als Herr und Frau Y.?

Welche Verwohlfeilerung der Produktion lässt sich dagegen erzielen, wenn stattdessen die Produktion sich auf wenige oder am besten auf einen einzigen Gebrauchsgegenstand für jeden besonderen Zweck beschränkt! Jeder Verlust durch Mangel an Absatz würde vermieden werden, wenn von vornherein feststeht, dass die Herren und Damen X. Y. Z. sich in der vom Staat vorgeschriebenen Weise zu ernähren, zu kleiden und auszustatten haben.

Darum, meine Dame und meine Herren, wird Ihnen die Regierung zunächst vorschlagen, bei der Ernährung dieselbe Regelung auch für das Frühstück und die Abendmahlzeit einzuführen, welche von Anfang an für die Mittagsmahlzeiten schon Platz gegriffen hat. Ebenso wird es die soziale Gleichheit fördern, wenn wir nunmehr auch den Hausrat in Bezug auf alle zu demselben notwendigen Gegenstände, wie Betten, Tische, Stühle, Schränke, Bettwäsche und dergleichen verstaatlichen. Indem wir derart jede Wohnung mit einer dem Staat gehörenden und also in derselben verbleibenden Ausstattung versehen, werden diejenigen Mühen und Verluste vermieden, welche gegenwärtig durch den Umzug der Bewohner entstehen. Nunmehr wird es auch erst möglich, dem Grundsatz der sozialen Gleichheit bei den Wohnungen trotz der verschiedenen Lage derselben dadurch näherzukommen, dass die Verlosung aller Wohnungen künftig von Vierteljahr zu Vierteljahr erneuert wird. Die Möglichkeit, eine Wohnung in der Beletage nach der Straße zu erlangen, erwächst auf diese Weise für jedermann mit jedem Quartal aufs Neue (Heiterkeit links. Vereinzelter Beifall rechts).

Ebenso sollen künftig für jedermann nach Stoff, Farbe und Schnitt im Voraus genau bestimmte Kleidungsstücke hergestellt und mit genau vorgeschriebener Tragezeit verabfolgt werden. (Abgeordnete Frau Reichskanzler: Niemals, niemals! Äußerungen des Widerspruchs auch bei den auf den Tribünen anwesenden Damen.)

Präsident: Es ist nicht gestattet, von den Tribünen Zeichen des Beifalls oder Missfallens zu geben.

Reichskanzler fortfahrend: Ich bitte mich nicht misszuverstehen. Die Gleichheit der Kleidung soll nicht soweit gehen, alle Verschiedenheiten auszuschließen. Im Gegenteil wollen wir sogar verschiedene Abzeichen vorschlagen, um die Damen und Herren der verschiedenen Provinzen, Orte, Berufskreise u. s. w. äußerlich erkennbar zu machen. Dadurch wird auch die Übersicht und Aufsicht über die einzelnen Personen für die Kontrollbeamten des Staates ganz außerordentlich erleichtert werden (Hört, hört! links). Infolgedessen braucht die Vermehrung der Aufsichtsbeamten, künftig je einer auf 30 statt bisher auf 50 Personen, nicht so groß zu werden, wie es sonst der Fall sein würde, um in unserem Staat, der in Wahrheit alsdann ein Ordnungsstaat sondergleichen sein wird (Ruf links: Zwangsstaat! Der Präsident klingelt und bittet um Ruhe.), die strenge Befolgung aller Gesetze und Verordnungen zu sichern, welche nunmehr in Bezug auf die Morgen- und Abendmahlzeiten, die Kleidung und Wohnung erforderlich werden.

Dies unser Programm! Sind Sie damit einverstanden, so hoffen wir durch energische Ausführung desselben nicht nur alsbald das Defizit in unserem Volkshaushalt zu beseitigen, sondern auch unser Volk auf dem Boden der sozialen Gleichheit in dem Maße zum Wohlleben und zur Glückseligkeit emporzuführen, wie es nach und nach gelingt, die bösen Nachwirkungen der früheren Gesellschaft auf die moralischen Eigenschaften der Bevölkerung zu überwinden. (Beifall rechts. Lebhaftes, wiederholtes Zischen links.)

Präsident: Es dürfte sich empfehlen, wie mir mehrfach mitgeteilt ist, vor Eintritt in die Diskussion über den Vortrag des Herrn Reichskanzlers den Mitgliedern des Hauses Gelegenheit zu geben, kurze Anfragen an den Herrn Reichskanzler zu richten, sofern in dem dargelegten Programm desselben dem einen oder dem andern noch dieses oder jenes unklar oder unvollständig erscheinen sollte.

Reichskanzler: Ich bin gerne bereit, alle an mich gerichteten Anfragen sofort zu beantworten.

Ein Abgeordneter der Regierungspartei ersucht den Herrn Reichskanzler, sich noch zu äußern in Bezug auf die künftige Beschaffenheit der Frühstücks- und Abendmahlzeiten sowie darüber, ob die vorgeschlagenen Maßnahmen eine Rückwirkung üben auf die Einrichtung der Geldzertifikate.

Reichskanzler: Ich bin dem verehrten Herrn Abgeordneten dankbar dafür, dass er mich auf einige Unterlassungen in meinem Vortrage aufmerksam gemacht hat. Die tägliche Brotportion für erwachsene Personen soll künftig eine Einschränkung von 700 auf 500 Gramm erfahren, um eine Überlastung der Verdauungsorgane zu verhüten. Das Stärkemehl, wie es in großen Mengen im Schwarzbrot vorkommt, tritt erfahrungsgemäß leicht in einen sauren Gärungsprozess, welcher oft Darmkatarrh und Diarrhöe veranlasst. Abgesehen von der Brotportion, welche für den gesamten

Tagesbedarf bestimmt ist, sollen für das Frühstück verwandt werden für jede erwachsene Person 10 Gramm ungebrannten Kaffees und ein Deziliter abgesahnter Milch. Hieraus ist je eine Portion von ½ Liter herzustellen. Wir glauben, dass bei solcher Zusammensetzung einer aufregenden und schädlichen Erhitzung durch den Kaffeegenuss vorgebeugt ist (Heiterkeit links).

Abends werden wir ¾ Liter Suppe an jede erwachsene Person verabreichen lassen, und zwar abwechselnd Mehlsuppe, Hafergrütz-, Reis-, Brotsuppe, Kartoffelsuppe; mitunter soll an die Stelle dieser Suppe ¼ Liter abgesahnte Milch treten. An den drei höchsten politischen Festtagen, den Geburtstagen von Bebel, Lassalle und Liebknecht, werden mittags 250 Gramm Fleisch und ½ Liter Bier verabreicht.

Ich habe vorher noch vergessen, mitzuteilen, dass einmal in jeder Woche zu der etatsmäßig mit 50 Gramm gefetteten Mittagskost oder zur Abendmahlzeit ein Hering verabreicht werden soll.

Überall handelt es sich hier um Vorschläge, welche noch Ihrer Genehmigung bedürfen. Indem wir aber dergestalt die Volksernährung auf einfache und natürliche Grundlage zurückführen, erlangen wir die Möglichkeit, alle teuren und kostspieligeren Nahrungsmittel und Getränke, welche wir bisher produziert haben, wie beispielsweise feineres Gemüse, Wildbret, Geflügel, seltene Fische, Schinken, Weine, soweit diese Produktion künftig überhaupt noch stattfindet, in das Ausland abzusetzen. Damit hoffen wir denn in den Stand gesetzt zu werden, diejenigen notwendigen Lebensmittel, welche wir aus dem Auslande zur Innehaltung des beschriebenen Speiseetats bedürfen, wie insbesondere Brotgetreide und Kaffee, begleichen zu können.

Was die Geldzertifikate anbetrifft, so wird Ihnen einleuchten, dass die größere Ausdehnung der Naturalleistungen eine entsprechende Einschränkung der auf eine Geldsumme lautenden Coupons zur Folge haben muss. Wir beabsichtigen auch noch, das erforderliche Heiz- und Beleuchtungsmaterial für jedes Wohngelass künftig in natura in Gemäßheit eines bestimmten Etats zu liefern. Ebenso sollen die Zentralwaschanstalten künftig die Wäsche, natürlich innerhalb gewisser festgesetzter Maximalgrenzen, unentgeltlich besorgen.

Unter solchen Verhältnissen, glauben wir, dürfte für Extraspeisen und -Getränke, für Tabak, Seife, Anschaffung von Privatkleidungsstücken, kleinen Inventarstücken, Reisen, Vergnügungen, kurzum für alles, was sonst noch das Herz begehrt, eine Geldanweisung auf 1 Mark für je 10 Tage an jede erwachsene Person das Richtige treffen (Heiterkeit links). Die Verwendung dieser Mark soll nicht im mindesten Einschränkungen oder Kontrollen von Seiten der Gesellschaft unterliegen. Sie ersehen auch daraus, dass wir weit entfernt sind, dem individualistischen Belieben seinen wirklich berechtigten Spielraum einschränken zu wollen.

Ein Abgeordneter der Freiheitspartei richtet an den Reichskanzler die Frage, wie man nach einer Ausdehnung des Maximalarbeitstages auf 12 Stunden einer daraus folgenden größeren Lässigkeit in Erfüllung der Arbeitspflicht zu begegnen gedenke und welche Stellung die Reichsregierung einnehme zur Frage der Volksvermehrung.

Reichskanzler: In Bezug auf Vergehen gegen die Arbeitspflicht dürfte allerdings die Ausdehnung des Arbeitstages eine Vervollständigung des Systems der Straftaten notwendig machen durch Einführung der Entziehung des Bettlagers, des Dunkelarrestes, des Lattenarrestes und für Wiederholungsfälle auch der Prügelstrafe. (Pfuirufe von der Tribüne. Präsident droht, wenn trotz seiner Warnungen nochmals Kundgebungen von der Tribüne erfolgen, dieselbe sofort räumen zu lassen.)

Ich bitte mich nicht misszuverstehen, wir werden in Bezug auf die Prügelstrafe nicht empfehlen, über 30 Streiche hinauszugehen. Es kommt uns nur darauf an, das sozialdemokratische Bewusstsein der Arbeitspflicht auch in körperlich Widerstrebenden auf diese Weise zum Durchbruch zu bringen.

Hinsichtlich der Regulierung der Volksvermehrung halten wir im Prinzip an dem Bebelschen Grundsatz fest, dass unser Staat jedes Kind als einen willkommenen Zuwachs der Sozialdemokratie betrachtet (Beifall rechts). Allerdings muss auch dies seine Grenzen haben, und können wir nicht dulden, dass eine zu weit gehende Volksvermehrung das Gleichgewicht im Volkshaushalt wieder in Frage stellt, nachdem es durch die vorgeschlagenen Maßregeln demnächst erzielt sein wird. Es dürfte indessen, wie wir Ihnen in der Budgetkommission noch näher klar zu machen hoffen, entsprechend den von Bebel schon früher in dankenswerter Weise gegebenen Fingerzeigen möglich sein, die Bevölkerungszahl durch die Nährweise in erheblichem Maße zu regulieren. Denn wie Bebel ebenso schön wie treffend sagt, der Sozialismus ist die mit klarem Bewusstsein in voller Erkenntnis auf alle Gebiete menschlicher Tätigkeit angewandte Wissenschaft (lebhafter Beifall rechts).

Präsident: Da weiter keine Fragen an den Herrn Reichskanzler gestellt werden, so können wir nunmehr geschäftsordnungsmäßig in die Diskussion selbst eintreten. Ich werde den Rednern der beiden großen Parteien zur Rechten und zur Linken abwechselnd das Wort erteilen und mit der linken Seite beginnen. Das Wort hat der Herr Abgeordnete für Hagen: Mich gelüstet es durchaus nicht, den Herrn Reichskanzler nach Einzelheiten seines Programms zu fragen, denn was wir jetzt schon in der Praxis von den Früchten der sozialdemokratischen sogenannten Ordnung vor uns sehen und nach den bisherigen Ankündigungen des geehrten Herrn demnächst noch zu erwarten haben, ist schon überreichlich, um die Seele mit Widerwillen und Abscheu zu erfüllen gegen diejenigen Zustände, welche uns die Sozialdemokratie in Deutschland gebracht hat (große Unruhe rechts, lebhafter Beifall links). Allerdings die grauenhafte Wirklichkeit übertrifft selbst dasjenige, was als Folge einer Verwirklichung des sozialdemokratischen Programms ein früherer Abgeordneter meines Wahlkreises vorausgesehen hat (Rufe rechts: Aha, der „Irrlehrenmann", der „Sozialistentöter!"). Ich sehe, die Herren auf der rechten Seite haben die Schrift des verstorbenen Abgeordneten Eugen Richter über „die Irrlehren der Sozialdemokratie" noch immer nicht verwinden können. [Offenbar ist hier gemeint die Ende 1890 in einer Auflage von 80 000 Exemplaren erschienene Schrift des Abgeordneten Eugen Richter über „Die Irrlehren der Sozialdemokratie", Berlin SW., Zimmerstr. 8, Expedition der „Freisinnigen Zeitung", Preis 50 Pfg.]

Hätten Sie sich nur damals aus Ihren Irrlehren heraus zu klaren Begriffen über den Zusammenhang der wirtschaftlichen Dinge zu erheben vermocht! Das Jahresdefizit von 12 Milliarden, vor dem Sie jetzt stehen, bedeutet die Bankrotterklärung der Sozialdemokratie (großer Lärm rechts). Sie, Herr Reichskanzler, verhüllen nur den Tatbestand, wenn Sie das Milliardendefizit versuchen in erster Reihe den Feinden der Sozialdemokratie zur Last zu legen.

Allerdings starrt Deutschland jetzt von Soldaten und Polizeibeamten wie nie zuvor. Wenn aber in der Sozialdemokratie alle Lebensverhältnisse nach Innen und Außen der Einwirkung des Staates unterstellt werden, so müssen Sie auch die dazu gehörigen Vollstrecker der Staatsgewalt in Kauf nehmen. Es ist richtig, unser Außenhandel liegt kläglich darnieder, aber was anders ist daran Schuld, als die Umgestaltung der Produktion und Konsumtion bei uns und in den sozialdemokratischen Nachbarländern!

Doch alles dies reicht ja nicht aus, das Milliardendefizit auch nur zu einem Viertel zu erklären. Der Herr Reichskanzler will das Defizit teilweise aus der Verkürzung der Arbeitszeit herleiten. Aber die Arbeitszeit währte vor der Umwälzung durchschnittlich noch nicht 10 Stunden und würde bei einer ruhigen, friedlichen Fortentwicklung ohne Schädigung der Produktion von selbst eine allmähliche Verkürzung erfahren haben. Nicht so sehr der Zeitumfang der Arbeit, als die Verschlechterung derselben, mit einem Wort, die jetzt überall eingerissene Faulenzerei (Oho! rechts) trägt die Schuld an dem Rückgang der Produktion. Die Arbeit wird jetzt wieder, wie in früheren Jahrhunderten, nur als Frondienst, als Sklavendienst betrachtet. Der gleiche Lohn für verschiedene Leistung, die Aussichtslosigkeit, durch Fleiß und Geschicklichkeit zu einer Verbesserung der eigenen Verhältnisse gelangen zu können, alles dies wirkt zerstörend auf Arbeitslust und Arbeitskraft.

Auch deshalb ist die Arbeit nicht mehr so produktiv wie früher, weil mit dem privaten Unternehmer jener sorgsame Leiter der Arbeit fehlt, der eine Vergeudung von Material und Kräften verhindert und die Produktion den Bedürfnissen und der Nachfrage anpasst. Ihren Betriebsleitern fehlt jedes eigene Interesse, fehlt die Aufstachelung, welche früher auch dort, wo Staatsbetriebe bestanden, die Konkurrenz der Privaten mit sich brachte. Ihnen predigt jetzt das Milliardendefizit, dass der Unternehmer kein Ausbeuter und auch keine überflüssige Drohne war, und dass selbst fleißige Arbeit, wenn sie nicht zwecksentsprechend ausgeführt wird, Kraft-

und Stoffvergeudung sein kann. Auch der Großbetrieb, wie Sie ihn schablonenmäßig überall eingeführt haben, selbst dort, wohin er gar nicht passt, beeinträchtigt den Überschuss der Produktion.

Wohin sind wir geraten? In dem Bestreben, die Nachteile der sozialdemokratischen Produktionsweise auszugleichen, kommen Sie zu Beschränkungen der persönlichen und wirtschaftlichen Freiheit, welche Deutschland nur noch als ein einziges großes Zuchthaus erscheinen lassen. (Großer Lärm rechts, Beifall links und auf den Tribünen. Der Präsident droht, bei weiteren Kundgebungen der Tribünen dieselben sofort räumen zu lassen.) Gleiche Arbeitspflicht, gleiche Arbeitszeit, zwangsweise Zuteilung zu bestimmten Arbeiten, dergleichen kannten wir früher nur in den Strafanstalten. Selbst dort aber gönnte man dem fleißigen und geschickten Arbeiter noch einen Extraverdienst. Gleich den Gefängniszellen in Strafanstalten werden die Wohnungen jetzt den einzelnen angewiesen. Das fiskalische Inventar, welches hinzukommen soll, wird die Ähnlichkeit noch steigern. Die Familien sind auseinandergerissen. Müssten Sie nicht das Aussterben der Sozialdemokratie befürchten, Sie würden Mann und Frau vollends von einander trennen, wie in den Gefängnissen.

Ebenso wie die Arbeit, so hat in dieser sozialdemokratischen Gesellschaft jedermann zur vorgeschriebenen Ernährung in den dafür bestimmten Tageszeiten anzutreten. Plötzensee rief ich mit Recht, als der Herr Reichskanzler seinen Küchenzettel beschrieb. Der Küchenzettel in dieser Strafanstalt ist seinerzeit vielleicht besser, jedenfalls nicht schlechter gewesen. Damit die Ähnlichkeit mit den Strafanstalten vollständig wird, kommt nunmehr auch der gleiche Anzug hinzu. Aufseher haben wir ja schon in den Kontrolleuren, auch Schildwachen, welche das Entweichen der zur Sozialdemokratie Verurteilten über die Grenze verhüten. In unseren Zuchthäusern bestand nur ein zehnstündiger, nicht ein zwölfstündiger Maximalarbeitstag. Die Prügelstrafe, welche Sie zur Durchführung dieses zwölfstündigen Normalarbeitstages jetzt einzuführen genötigt sind, wurde seinerzeit selbst in manchen Zuchthäusern für entbehrlich angesehen. Aber im Zuchthaus war wenigstens eine Begnadigung möglich, welche auch für lebenslänglich Eingesperrte den Weg zur Freiheit öffnen konnte. Ihrem sozialdemokratischen Zuchthaus aber ist man lebenslänglich verfallen, da führt nichts hinaus als Selbstentleibung (Bewegung).

Sie suchen alles dies aus Übergangsverhältnissen zu erklären. Mitnichten, die Zustände werden immer schlimmer werden, je länger die Sozialdemokratie die Herrschaft führt. Sie haben erst die obersten Stufen zurückgelegt, welche zum Abgrunde führen. Noch erhellt Sie das Licht des Tages, von welchem Sie sich abwenden. Alle Bildung, alle Übung, alle Geschicklichkeit für die Arbeit verdanken Sie noch den früheren Zuständen. In den sozialdemokratischen Bildungsanstalten aber verlottert die Jugend, nicht weil es ihr an Zeit und Bildungsmitteln gebricht, sondern weil dem einzelnen das Interesse fehlt, sich solche Bildung auch anzueignen als Bedingung für das spätere Fortkommen.

Sie leben noch von dem Bildungskapital und ebenso von dem wirtschaftlichen Kapital, welches Ihnen aus der früheren Ordnung überkommen ist. Sie vermögen aber jetzt nichts mehr zu erübrigen für neue wirtschaftliche Anlagen, Verbesserungen, Wege, Gebäude u. s. w. Im Gegenteil, Sie lassen das Vorhandene verfallen, Ihnen fehlen die Mittel dazu, weil Sie mit dem Unternehmergewinn auch den Zinsanspruch beseitigt haben, welcher früher die Privaten veranlasste, fortgesetzt neues Kapital zu bilden.

Jeder wirtschaftliche und wissenschaftliche Fortschritt hat mit der Beseitigung der freien Konkurrenz aufgehört. Das Eigeninteresse forderte früher den Scharfsinn und die Erfindungsgabe jedes einzelnen heraus, aber der Wetteifer vieler Gleichstrebender zwang die Frucht der eigenen Anstrengungen wieder der Allgemeinheit zugute kommen zu lassen.

Alle Vorschläge des Herrn Reichskanzlers decken das vorhandene 12-Milliardendefizit so wenig, wie solche Organisation der Produktion und Konsumtion seinerzeit in den Zuchthäusern im Stande war, auch nur den dritten Teil der laufenden Kosten dieser Anstalten zu decken. Bald werden Sie wieder trotz des Programms des Reichskanzlers vor einem neuen und zwar noch größeren Defizit stehen. Darum freuen Sie sich nicht allzu sehr über alle Geburten als einen Zuwachs für die Sozialdemokratie. Im Gegenteil, denken Sie darüber nach, wie Sie eine Verminderung der Bevölkerung von oben herab regulieren. Selbst in der kümmerlichen

Weise, wie es der Herr Reichskanzler jetzt in Aussicht zu nehmen gezwungen ist, vermag Deutschland auf der Grundlage Ihrer Gesellschaftsordnung nur eine dünne und spärliche Bevölkerung dauernd zu erhalten. Für die sozialdemokratischen Nachbarstaaten gilt dasselbe. Das eherne Gesetz der Selbsterhaltung wird die Sozialdemokratie daher hüben und drüben nötigen, sich gegenseitig totzuschlagen, bis derjenige Überschuss von Menschen vertilgt ist, der nur bei einem Kulturleben, wie Sie es mit der früheren Gesellschaftsordnung zerstört haben, in Europa lebensfähig ist.

Bis jetzt ist meines Wissens die Hoffnung Bebels, die Wüste Sahara durch Bewässerung in üppige Ländereien umzuwandeln noch in keiner Weise ihrer Erfüllung näher gerückt. Ebensowenig dürfte die Neigung unter Ihren für Deutschland überflüssigen Genossen sehr verbreitet sein, im Norden von Norwegen und Sibirien sich anzusiedeln, wie dies seiner Zeit Herr Bebel die Güte hatte für die sozialdemokratische Überbevölkerung in Aussicht zu nehmen (Heiterkeit links). – Ob auf dem jetzt beschrittenen Wege zum Untergang unseres Volkes noch ein Aufenthalt möglich ist, ich weiß es nicht. Viele Milliarden an Werten hat die Umwälzung schon zerstört, Milliarden müssten weiter geopfert werden, um die jetzt vorhandene Desorganisation der Volkswirtschaft wieder zu beseitigen.

Während wir im alten Europa derart Dank Ihren Bestrebungen dem Untergang entgegentreiben, erhebt sich jenseits des Meeres immer wohlhabender und mächtiger ein Gemeinwesen, das auf dem Privateigentum und der freien Konkurrenz beruht und dessen Bürger sich niemals ernsthaft von den Irrlehren der Sozialdemokratie haben bestricken lassen. Jeder Tag der Verzögerung in der Befreiung unseres Vaterlandes von dieser unseligen Verirrung der Geister führt uns dem Abgrunde näher. Darum nieder mit dem sozialdemokratischen Zuchthausstaat, es lebe die Freiheit! (Stürmischer Beifall auf der linken Seite und auf den Tribünen, lebhaftes Zischen und große Unruhe auf der rechten Seite.)

Der Präsident ruft den Redner wegen der Äußerungen am Schluss seiner Rede zur Ordnung und befiehlt, in Anbetracht der wiederholten Kundgebungen, die Räumung der Tribünen.

Infolge der Räumung der Tribünen, welche mit nicht geringen

Schwierigkeiten erfolgte, musste auch ich vom Platze weichen und kann deshalb über den weiteren Verlauf der Sitzung nicht berichten. Indessen verfügt die Regierung bei unseren Zuständen bekanntlich über eine ihr sklavisch ergebene Reichstagsmehrheit, so dass die Annahme der vom Reichskanzler angekündigten Vorlagen von vornherein keinem Zweifel unterliegt. Auch die Erregung der Gattin des Reichskanzlers über die von ihrem Gemahl angekündigte neue Kleiderordnung vermag daran nichts zu ändern.

30. STREIK IN SICHT

Das neue Programm des Reichskanzlers zur Deckung des Milliardendefizits ist in Berlin fast überall nur mit Hohn und Spott aufgenommen worden. Was daraus weiter folgt, vermag niemand abzusehen. Schon lange bestand eine besondere Gärung unter den Metallarbeitern, insbesondere auch unter den Maschinenbauern. Sie rühmen sich, bei der großen Umwälzung das Beste getan zu haben, und behaupten jetzt, um die Erfüllung der Versprechungen, welche die Sozialdemokratie ihnen früher gemacht, schmählich geprellt zu sein. Man hat ihnen allerdings vor der großen Umwälzung stets „den vollen Ertrag ihrer Arbeit" versprochen. Nachdrücklich und wiederholt, so sagen sie, hat dies Schwarz auf Weiß im „Vorwärts" gestanden. Nun aber erhalten sie nur dieselben Arbeitslöhne wie alle anderen.

Wenn man den vollen Wert der aus ihren Werkstätten hervorgegangenen Fabrikate und Maschinen auf sie verteilte, nach Abzug der Kosten der Rohstoffe und Hilfsstoffe, so sagen sie, gebühre ihnen ein Vielfaches von dem, was sie jetzt erhalten.

Vergebens hat der „Vorwärts" ihnen ihre Auffassung als Missverständnis auszureden versucht. Die Sozialdemokratie hätte, so meint jetzt der „Vorwärts", nicht den Arbeitern jedes einzelnen Berufs den vollen Ertrag ihrer besonderen Berufsarbeit versprochen, sondern nur der Gesamtheit aller Arbeiter den vollen Ertrag des ganzen Volkes. Was aus den Werkstätten der Metallarbeiter hervorgeht, entstehe doch nicht bloß durch Menschenarbeit, sondern auch durch Mitwirkung vieler kostspieliger Maschinen und Werkzeuge. Große Gebäude und Betriebsmittel sind dazu erforderlich. Alles dies ist doch nicht durch die zur Zeit in diesen Werkstätten tätigen Arbeiter geschaffen worden. Dafür, dass die Gesellschaft dieses gesamte Anlage- und Betriebskapital stellt, gebührt ihr auch aus dem Arbeitsertrage dasjenige, was nach Auszahlung der für alle Arbeiter in der Gesamtheit gleichen Löhne an die einzelnen übrigbleibt.

Das will nun den Eisenarbeitern nicht in den Sinn. Sie meinen, dass, wenn jetzt der Staat oder die Gesellschaft diejenigen Dividenden schluckt, welche früher die Aktionäre ihrer Anlagen bezogen für Hergabe des Kapitals, so sei dies für sie „Jacke wie Hose".

Dafür hätte es nicht gelohnt, die große Revolution zu machen. Seitdem nun die Ausdehnung der Arbeitspflicht auf täglich 12 Stunden in Sicht gekommen ist, sind die Eisenarbeiter noch erbitterter. Täglich 12 Stunden am Feuer und an Metall arbeiten ist doch etwas ganz anderes, als 12 Stunden im Laden auf Kunden lauern oder Kinder warten.

Kurz und gut, sie verlangen den „vollen Arbeitsertrag" in ihrem Sinne, und zwar bei höchstens zehnstündiger Arbeitszeit. Zur Nachtzeit haben schon große Versammlungen der Metallarbeiter in der Jungfernheide und in der Wuhlheide stattgefunden, um die gewaltsame Durchführung der Forderungen zu beraten. Man spricht von einer bevorstehenden Arbeitseinstellung der 40 000 Metallarbeiter und Maschinenbauer, die in Berlin tätig sind.

31. DROHNOTEN DES AUSLANDES

Auch in Russland und Frankreich wissen die sozialdemokratischen Regierungen der inneren Schwierigkeiten nicht Herr zu werden. Sie suchen deshalb den Unmut ihrer Bevölkerung nach außen abzulenken. Der Dreibund ist von den sozialdemokratischen Regierungen sogleich aufgelöst worden. Augenblicklich wird Österreich-Ungarn von Italien in Istrien und Welschtirol bedroht. Dieser Zeitpunkt erscheint Frankreich und Russland günstig, um gegen Deutschland vorzugehen. Beide Staaten haben an unser auswärtiges Amt gleichlautende Noten gerichtet, in denen binnen 10 Tagen Bezahlung der aufgelaufenen Warenschulden Deutschlands verlangt wird.

Wie kommt denn Frankreich dazu? Wir haben doch im Grunde genommen nur noch Weinschulden an dasselbe für einige Millionen Flaschen Champagner, welche im ersten Freudenrausch nach der großen Umwälzung und vor der staatlichen Regelung der Konsumtion bei uns vertrunken worden sind. Aber Russland hat hinterlistiger Weise einen Teil der Forderungen an uns an Frankreich zediert, um eine Grundlage zu schaffen für ein gemeinsames Vorgehen. Unsere Schulden an Russland sind jetzt allerdings bis über eine Milliarde Mark aufgelaufen, obgleich wir nur die auch früher stattgefundene Lieferung von Getreide, Holz, Flachs, Hanf u. s. w. bezogen haben, weil wir alles dies zu unserem Volksunterhalt absolut nicht entbehren können. Die Fabrikate, welche wir sonst an Russland und Frankreich zum Ausgleich lieferten, sind in der letzten Zeit fast sämtlich als angeblich mangelhaft und nicht preiswürdig dort zurückgewiesen worden. Früher hätte man den Russen einfach die russischen Papiere oder deren Coupons, von denen damals in Deutschland genug vorhanden waren, in Zahlung geben können. Jetzt fehlen uns in Ermangelung von Wertpapieren und Edelmetall Ausgleichsmittel solcher Art.

Das wissen unsere beiden braven Nachbarn auch sehr wohl, und haben deshalb in ihren Noten durchblicken lassen, dass sie im Falle längeren Säumens in der Bezahlung der Schuld sich genötigt sehen würden, Teile von Posen und Ostpreußen sowie Elsass-Lothringen in Pfandbesitz zu nehmen. Beide Staaten erklärten sich bereit, eventuell in Verhandlungen zu treten über Erlass der Schulden, falls Deutschland geneigt sei, diese Landesteile endgültig abzutreten. Ist dies nicht eine beleidigende Frechheit sondergleichen?

In Deutschland ist an ausgebildeten Mannschaften, Gewehren, Pulver und Blei kein Mangel. Alles dies ist von dem früheren Regiment reichlich hinterlassen worden. Aber leider mangelt es in Folge des Rückgangs der Produktion und in Folge der Aufzehrung der Vorräte auf den Eisenbahnen an Kohlen für die Militärtransporte, während die Festungen und Feldintendanturen über Mangel an Fleisch, Mehl und Hafer für den Unterhalt der Truppen klagen.

Inzwischen haben die Franzosen das Großherzogtum Luxemburg annektiert. Dasselbe ist nach Auflösung des Zollvereins sozusagen ins Freie gefallen. Die Misstimmung über die Auflösung der alten Handelsbeziehungen zu Deutschland ist von einer Partei im Lande genutzt worden, um die Franzosen herbeizurufen. Dieselben sind auch alsbald über Longwy eingerückt. Französische Kavallerie ist schon an der luxemburgisch-deutschen Grenze vor Trier gesehen worden.

32. MASSENSTREIK UND KRIEGSAUSBRUCH ZUGLEICH

Alle Eisenarbeiter in Berlin und Umgegend streiken seit heute früh, nachdem ihre Forderungen der Gewährung des „vollen Arbeitsertrages" abgewiesen worden sind. Die Regierung hat sofort verfügt, allen Eisenarbeitern die Mittagsmahlzeit und Abendmahlzeit zu sperren. In allen Staatsküchen sind die Beamten angewiesen, die Geldzertifikate der Eisenarbeiter zurückzuweisen. Dasselbe gilt von allen Restaurationen und Verkaufsläden, in welchen die Eisenarbeiter bestimmungsgemäß zu entnehmen haben. Die betreffenden Lokalitäten werden durch starke Abteilungen der Schutzmannschaft bewacht. Auf diese Weise hofft man die Streikenden in der kürzesten Frist auszuhungern, da diejenigen Brotkrumen und Speisereste, welche ihre Frauen und Freunde von der ihnen zustehenden Portion für sie erübrigen können, nicht lange ausreichen dürften.

Es kommt dazu, dass seit heute früh für die gesamte Bevölkerung die Brotrationen auf die Hälfte herabgesetzt und die Fleischrationen gänzlich in Wegfall gebracht sind. Man hofft dadurch noch so viel zu erübrigen, um die Grenzfestungen noch einigermaßen verproviantieren zu können. Denn inzwischen hat die sogenannte Auspfändung Deutschlands schon begonnen. Französische Kavallerie ist aus dem Großherzogtum Luxemburg über die deutsche Grenze vorgedrungen, über die Mosel gesetzt und hat die Bahnlinien Trier-Diedenhofen und Trier-Saarlouis unterbrochen. Andere französische Heereskörper sind, gestützt auf Longyon, Conflans, Pont-à-Mousson, Nancy und Lunéville über die lothringische Grenze vorgedrungen, um Metz und Diedenhofen zu belagern und einen Vorstoß in der Richtung auf Mörchingen zu machen. Die beiden Festungen sollen nur auf höchstens 8 Tage mit Lebensmitteln versehen sein. Dasselbe gilt von Königsberg, Thorn und Graudenz, gegen welche russische Heeressäulen, gleichfalls um die Auspfändung vorzunehmen, im Anmarsch sind. Es scheint zunächst darauf abgesehen zu sein, Ostpreußen gleichzeitig im Osten und im Süden anzugreifen, um nach dessen Besetzung die östliche Angriffslinie gegen Deutschland zu verkürzen und daneben die Pferdeversorgung der deutschen Armee in Ostpreußen zu verhindern. Die Landwehr und der Landsturm in Ostpreußen eilen an die Grenze. Aber leider stellt sich heraus, dass es für die Landwehr und den Landsturm vielfach an den notwendigsten Kleidungsstücken gebricht. Denn große Partien von Stiefeln und Unterkleidern sind nach der Umwälzung in Folge unzureichender Produktion zur Deckung des Bedarfs der Zivilbevölkerung verwendet worden.

Doch es wird mir unmöglich, die Aufzeichnungen in ihrem bisherigen Umfang weiter fortzusetzen. Denn von morgen ab tritt die Verlängerung der Arbeitszeit auf 12 Stunden in Kraft. Ich will daher dieses Buch demnächst abschließen und an Franz und Agnes nach New York alles Geschriebene übersenden. Mögen dieselben dies zur Erinnerung an mich und diese sturmbewegte Zeit für Kind und Kindeskinder aufbewahren. Man behandelt mich auch jetzt derartig als politisch verdächtig, dass ich nicht mehr sicher bin vor einer Haussuchung und Beschlagnahme meiner Papiere.

33. DIE GEGENREVOLUTION BEGINNT

Die streikenden Eisenarbeiter wollen sich nicht aushungern lassen. Ich hatte meinen Schwiegervater im Schloss Bellevue besucht, wo derselbe sich in der dort eingerichteten Altersversorgungsanstalt befindet. Da höre ich, dass Eisenarbeiter, welche sich in den ehemals Borsigschen Werken versammelt hatten, den Versuch machen, das Brotmagazin zu stürmen, welches sich dem Schloss Bellevue gegenüber am anderen Ufer der Spree zwischen dieser und dem Eisenbahndamm befindet. Indes alle Zugänge zu dem großen Platz, auf welchem sich die Proviantmagazine befinden, sind geschlossen. Die Arbeiter wollen über die hohen Mauern klettern, da geben die im Innern aufgestellten Schutzmannsposten Feuer und die Kletterer büßen das Wagnis mit dem Leben.

Die Eisenarbeiter erklettern nun den Eisenbahndamm, welcher Aussicht auf das Innere des Platzes gewährt, auf dem sich die zwischen dem Damm und der Spree liegenden Proviantgebäude befinden. Sie reißen die Schienen auf, durchschneiden die Telegraphendrähte; aber wiederum bedecken Tote und Verwundete den Platz infolge des Feuers der Schutzmannschaft aus den Fenstern und Luken der Proviantgebäude.

Nun setzen sich die Eisenarbeiter in den oberen Stockwerken der hinter dem Eisenbahndamm liegenden Häuser der Lüneburger Straße fest. Aus den Fenstern dieser Häuser einerseits und der Proviantgebäude andererseits entspinnt sich ein heftiges Feuergefecht. Die Minderzahl der Besatzung der Proviantgebäude verfügt über bessere Waffen und reichlichere Munition.

Neue Trupps der Eisenbahnarbeiter versuchen inzwischen von dem Helgoländer Ufer aus in die Umfassungsmauern des Platzes, auf welchem sich die Proviantgebäude befinden, Bresche zu legen. Aber durch den Schlossgarten von Bellevue ist inzwischen Verstärkung der Schutzmannschaft im Laufschritt hinzugekommen, hat die Fußgängerbrücke besetzt, welche sich gedeckt unter der Eisenbahnbrücke befindet, und von dort ein mörderisches Feuer auf den größtenteils unbewaffneten Menschenhaufen auf dem Helgoländer Ufer eröffnet. Unter furchtbarem Rachegeschrei stiebt derselbe auseinander, Knäuel von Toten und Verwundeten zurücklassend. Jetzt heißt es, die Artillerie der Schutzmannschaft sei herbeigerufen worden, um vom anderen Spreeufer aus die Lüneburger Straße zu beschießen.

Ich verlasse den blutigen Schauplatz, um auf einem Umwege durch den Tiergarten mich nach Berlin S.W. zu begeben. Überall stehen die Menschen aufgeregt truppweise beisammen. In Berlin S.W. haben noch keine Gewalttätigkeiten stattgefunden, aber man hört, dass die Eisenarbeiter in der Erstürmung der Brotmagazine in Tempelhof und in der Köpenickerstraße erfolgreicher gewesen sind. Auch zahlreiche Gewehre und Munitionsvorräte sollen an verschiedenen Stellen in ihre Hände gefallen sein. Sicheres ist nicht zu erfahren, aber man raunt sich zu, dass der Aufstand auf dem rechten Spreeufer immer allgemeiner werde.

Die Schutzmannschaft war in der letzten Zeit auf 30 000 Mann gebracht worden. Sie besteht aus fanatischen Sozialdemokraten, welche man aus dem ganzen Reich ausgewählt hat. Auch ist ihr zahlreiche Kavallerie und Artillerie beigegeben worden. Aber was werden die über ganz Berlin zerstreuten Abteilungen vermögen, wenn die Bevölkerung von 2 Millionen wirklich allgemein an allen Ecken und Enden sich erhebt?

Das rauchlose Pulver erleichtert gegen früher das Niederschießen aus dem Hinterhalt. Die jetzigen Schusswaffen kommen besonders der gedeckten Stellung in den Häusern zustatten.

Fortgesetzt eilen durch S.W. Trupps von Schutzleuten zu Fuß im Laufschritt und zu Pferde im Trab nach den Linden zu. Die bewaffnete Macht scheint in Berlin C. am Schloss und Unter den Linden zusammengezogen zu werden. Wie wird das enden?

Ich fand Großvater bei meinem Besuch recht stumpf und teilnahmslos. In Ermangelung eines Familienkreises und einer anregenden Umgebung nehmen seine Geisteskräfte reißend ab. Er erzählte mir mehrmals dasselbe, tat wiederholt Fragen nach Dingen, die schon beantwortet waren, und verwechselte sogar die Personen und Generationen in seiner Familie. Ein trauriges Alter!

34. UNHEILVOLLE NACHRICHTEN

Der schlimmste Tag meines Lebens! Ich habe meine Frau besucht, sie kannte mich nicht mehr, redete irre. Ihr Gemütsleiden, die Folge des Todes von Annie und aller Aufregungen und Erschütterungen dieser Monate, hat, wie mir der Arzt sagt, sich als ein unheilbares herausgestellt. Sie leidet unter der Wahnvorstellung teuflischer Verfolgungen und soll noch heute hinausgebracht werden in eine Anstalt für Unheilbare.

Fünfundzwanzig Jahre lang haben wir Freud und Leid zusammen ertragen und in innigstem Gedanken- und Herzensaustausch gelebt. Vor mir zu sehen die Genossin meines Lebens, das alte, liebe Gesicht, die treuen Augen, fremd und irre, es ist schrecklicher als durch den Tod getrennt zu werden!

Draußen stürmt es von allen Seiten immer wilder. Doch was kümmert mich alles dies bei dem Seelenschmerz in meinem Innern! Es sollen in Ostpreußen und Elsass-Lothringen unglückliche Gefechte stattgefunden haben. Unsere Truppen haben nach angestrengten Fußmärschen, schlecht genährt und mangelhaft bekleidet, trotz aller Tapferkeit keinen nachhaltigen Widerstand zu leisten vermocht. Der Aufstand in Berlin wird immer allgemeiner, er beherrscht schon das ganze rechte Spreeufer und diesseits die Stadtteile und Vororte jenseits des Landwehrkanals. Aus der Provinz kommt den Aufständischen immer mehr Zuzug. Die Truppen sollen teilweise zu denselben übergegangen sein.

Die Revolution ist also über den Kreis der Eisenarbeiter und ihrer besonderen Forderungen sogleich hinausgewachsen. Sie gilt jetzt der Beseitigung des sozialdemokratischen Regiments. Auch ich muss mich verfluchen, dass ich so viele Jahre hindurch dazu beigetragen habe, Zustände, wie wir sie in diesen Monaten erlebt, heraufzubeschwören. Ich tat es aber nur, weil ich davon eine glücklichere Zukunft für Kinder und Kindeskinder erhoffte. Ich verstand es nicht besser. Aber werden mir meine Söhne es je vergeben können, dass ich mitgewirkt zu den Ereignissen, deren Folgen ihnen die Mutter und die Schwester geraubt und unser ganzes Familienglück vernichtet haben?

Um jeden Preis muss ich meinen Ernst sprechen, mich drängt es zu ihm, ich will ihn warnen, sich hinauszubegeben auf die Straße, wozu solche junge Leute in der Aufregung der Tage nur zu leicht versucht sind. An freier Zeit, um die Erziehungsanstalt zu besuchen, fehlt es mir ja jetzt auch nicht mehr am Tage. Als politisch Verdächtiger bin ich meines Postens als Kontrolleur enthoben und zur nächtlichen Straßenreinigung versetzt worden. Ob dort meine Arbeit nicht eine Blutarbeit werden wird!

35. LETZTES KAPITEL

Herrn Buchdruckereifaktor Franz Schmidt,
New York

Mein teurer Bruder! Sei stark und fasse Dich, denn ich habe Dir Trauriges zu melden. Unser guter Vater ist nicht mehr. Auch er ist ein unschuldiges Opfer des großen Aufstandes geworden, welcher seit Tagen Berlin durchtobte.

Vater wollte mich in der Erziehungsanstalt besuchen, um mich vor der Beteiligung an Straßenaufständen zu warnen. In der Nähe unserer Anstalt hatte vorher, was Vater offenbar nicht wusste, ein Gefecht mit der Schutzmannschaft stattgefunden. Ein Teil derselben war in unsere Anstalt geflüchtet. Die Gegner lagen im Hinterhalt. Wahrscheinlich hat einer derselben Vater für einen Sendboten der Regierung gehalten. Ein Schuss aus dem Bodenfenster traf ihn, und er verschied auf der Straße nach wenigen Augenblicken. Es war furchtbar, als man den Toten in unseren Hausflur brachte und ich den eigenen Vater erkannte.

Er ist ein Opfer seiner väterlichen Fürsorge geworden. Um der Zukunft der seinigen willen war er Sozialdemokrat geworden, aber von seinen Irrtümern vollständig zurückgekommen.

Über den traurigen Zustand unserer geliebten Mutter und über Großvater hat Vater Dir noch selbst geschrieben. In unserem jähen Schmerz und in meiner Verlassenheit bist Du, geliebter Bruder, mein einziger Gedanke und meine Zuflucht. Wenn ich diesen Brief aufgebe, habe ich die deutsche Grenze schon hinter mir. Nach Holland zu soll dieselbe unbewacht sein. Dort kann ich von der Geldanweisung, welche Du mir übersandtest, Gebrauch machen.

Hier geht alles drunter und drüber. An den Grenzen blutige Niederlagen, im Innern Anarchie und vollständige Auflösung. Wie alles gekommen ist, darüber bringe ich Dir die Aufzeichnungen vom Vater, welche er noch bis zum Tage vor seinem Tode fortgeführt.

In Trauer und Wehmut küsst Dich und Agnes

Dein verlassener
Ernst.

Argumente von Baader, Blankertz, Bouillon, Doering, Habermann, Hoppe, Weede und vielen mehr jeden Monat in:

eigentümlich frei
INDIVIDUALISTISCH KAPITALISTISCH LIBERTÄR

Nichts für die Masse!

Cap¡tal!sta

Bücher von **Erhard, Friedman, Hayek, Mises, Popper, Rand, Rothbard und vielen anderen mehr!**

Libertäre Zeitschrift: www.ef-magazin.de
Liberaler Literaturladen: www.capitalista.de